散文のイデア

ジョルジョ・アガンベン
高桑和巳 訳

月曜社

Idea della prosa

Originally published by Quodlibet, 2002.

This book is published in Japan by arrangement with
Giorgio Agamben, c/o Agnese Incisa Agenzia Letteraria,
through le Bureau des Copyrights Français, Tokyo.

作品のイデア

ドイツの無名画家『かたつむりの上で乱心するアモル』
パリ、国立図書館

目次

II

ホセ・ベルガミンの思い出に

彼の覚醒たるや相当なものだ
無意味な夢に陥らぬようまんじりともしない彼は、
当の夢に呑まれながら
その夢自体から二度と目醒めることはないだろうと感じているほどだ。

凡例

・本書は以下の全訳である。Giorgio Agamben, *Idea della prosa* (Macerata: Quodlibet, 2002 [2020^3]).

・強調のためにイタリックにされている文言に傍点を打つ、強調のために大文字で始まっている単語を〈 〉に入れる、翻訳者による補足を〔 〕に入れるなど、約物の使用は原則として慣用に従っている。

・本文にはもともと原註はなく、訳註も付していない。不明点に関しては、巻末の「『散文のイデア』を読むために　翻訳者あとがきに代えて」を適宜参照されたい。

境界

紀元後五二九年、ヘレニズム反対派の狂信的な参事たちに唆された皇帝ユスティニアヌスは、アテナイの哲学学校を閉鎖する勅令を布告した。かくして、当時の学頭ダマスキオスは異教哲学の最後の継承者となった。彼は、悪いようにはしないと約束してくれていた宮廷官僚たちを通じて学校閉鎖を回避しようと努めた。だが、得られた回答は、学校の財産と収入を没収するのと引き換えに属州の図書館長の俸給を提供するというにすぎなかった。迫害を怖れた学頭は、最も近しい六名の協力者とともに本と什器を馬車に積み、ペルシア王ホスロー・アヌーシールワーンの宮廷に難を逃れた。もはやギリシア人たちは――というよりむしろ、その頃は「ローマ人」と自称していたが――古代ギリシアのあの純粋きわまりない伝承を保管するには値せず、夷狄がその伝承を救済することになった。

もはや学頭は若くなかった。驚異的な物語の数々、幻の出現の数々に自分は専念できると信じた時代も遠い昔となった。クテシフォンでは最初の数ヶ月こそ宮廷生活を送ったものの、その後、主権者の哲学的好奇心を註解と校訂版で充たすという任務は門弟のプリスキアノスとシンプリキオスに任せた。彼はギリシア人の筆生とシリア人の家政婦をともない、市の北部に位置する自邸に閉じこもり、とある作品の執筆に晩年を捧げようと決めた。その作品を彼は『第一諸原理についての難問と解決』と題することになる。

自分の取り組もうとしている問いが、数多くの哲学的問いのなかの単なる一つなどではないということが彼には完璧にわかっていた。キリスト教徒たちさえ（本当は理解せずにだが）重要だと見なしている書簡において、〈第一者〉をめぐる問いこそすべての悪の原因だとプラトンご自身が書いていなかったか？　だがプラトンは、その問いが原因となって霊魂に生ずる苦しさは陣痛のようなものであって、分娩が済むまでは霊魂は真理を見いだすことができないだろうと付け加えていた。それゆえ、老学頭はすでに作品の冒頭で、ためらうことなく自分のテーマを次のように明瞭に定式化した。「〈すべて〉なるものの唯一かつ最高の原理と私たちが呼ぶものは、〈すべて〉を超えた先にあるのか、それとも、たとえばそこから発出する諸事物の頂点といったような、〈すべて〉の一部をなす、しかじかと規定される部分なのか？　さらに、〈すべて〉は原理とともにあると言うべきなのか、それとも、〈すべて〉は原理の後にあり、原理から発出すると言うべきなのか？　この二者択一を認めるならば、〈すべて〉の外に何かがあるということになるが、そのようなことがどのようにすればありうるというのか？　じつのところ、何も欠けていないものこそが絶対的な〈すべて〉である。だが、それでは原理が欠けている。それゆえ、原理の後にあるもの、原理の外にあるものは絶対的な〈すべて〉ではない」。

伝承によれば、ダマスキオスはこの作品に三百の昼と三百の夜を費やした。これはちょうど、彼がクテシフォンに亡命していた全期間にあたる。ときどきは数日の、数週間の中断があった。そのようなとき、自分の企てはまるで霧の向こうにあるように空しいものと見えた。私たちの読むテクストには「長々しい論述にもかかわらず、私たちは何の終結にも至らなかったように見える」だとか、「いま私の書いたことには、神のお気に召すことが起これればよい！」だとか、あるいはまた「私の開陳したことに関して讃えられるべきは、それが何も明瞭に見えていないと認め、光を見るに無力であると認めて自らを断罪しているという点だけである」といった文言が散りばめられている。だが、それから彼はきまって仕事を再開し、次の休止まで、次の新たな不可避の危機まで仕事を続けるのだった。というのも、どのようにすれば思考は思考の原理をめぐって問いを立てることができるのか？　言い換えれば、どのようにすれば不可解なものを理解することができるのか？　ここで問われているのが、不可解なものとしてさえテーマ化されえぬもの、表現不可能なものとしてさえ表現されえぬものだということは明らかである。「その認識不可能性たるや、本性上それに認識不可能なところがあるわけでさえないほどであり、それが認識不可能だと言うことでそれを認識できると幻想を抱くこともできないほどである。というのも、私たちはそれが認識不可能なのかさえ認識しないからである」。シュリアノスの門弟は自分の最初の師マリノスの師でもあり、多くの者に彼は乗り越えられぬ存在と見なされていたが、その彼が、それには名がない以上は私たちはそれを辞項henの母音に置かれる有気記号を通じて考えることができる、と書いたことがあるのはそのためである。だが、これは——明らかに——哲学者に値しない、いかさますれすれの精妙さだった。自分ならば、思考不可能なものを『難問と解決』で開陳するにあたって、読めない記号を使う、息を使うというこのようなやりかたはしない。思考不可能なものは息を超えた先、書ける気息を超えた先にある。かくしてある夜のこと、書いているうちに、作品の最後まで自分を導いてくれそうな——そのように見える——イメージが頭のなかに一挙に迸り出た。だが、それはイメージではなかった。それは何か完璧に空虚な場のようなところ、そのなかでただイメージが、息が、言葉が起こるばあいもありうるというところだった。それどころか、そこは場でさえなく、いわば場の置かれる地点、表面、まったく滑らかで平らな域であって、そこではいかなる点も他の点から区別することができない。彼は、ダマスカスの市門にほど近い自分の生家の農園にあった、白石の敷かれた麦打ち場のことを考えた。夕方になるとそこで農民たちが麦を打ち、麦殻から分離していた。自分が求めているのはまさに、この麦打ち場のような、それ自体は思考されえず言われえぬところ、思考と言語運用の箕があらゆるものの種と藁をふるい分けるところなのではないか？

彼はそのイメージが気に入った。そのイメージに続いて、それまでに一度も聞いたことのない単語が口唇にやって来た。その盤面(ハローン)という単語は、麦打ち場ないし域を意味する辞項を、月や太陽の表面を指し示すのに天文学者たちが用いている辞項に結びつけるのだった。いや、これは自分の言わんとしていることにとって悪い解決ではない。これにこだわらねばならない、これに他のものを付け加えてはならない。彼は次のように書いている。「絶対的に言い表せぬものについては、私たちはそれが言い表せぬものだと断言することさえできない。〈一〉について私たちは、それは名や言説のあらゆる構成をも免れ、また認識可能なものと認識者との区別といったあらゆる区別をも免れると言わねばならない。それを、いかなる点も他の点と区別されぬ平らで滑らかな一種の盤面（ハローン）として、最も単純で最も包括的なものとして構想せねばならない。それはただ一であるというのではなく、一にしてすべてであり、すべてのなかの一ではなく、すべてを前にしての一である……」。

一瞬、ダマスキオスは手を上げ、自分の思考を走り書きしていた当の書板を見つめた。彼は突然、潜勢力にある知性を何も書かれていない書板に哲学者が譬えている霊魂論の一節を思い出した。どうして、そのことをこれまで考えなかったのだろう？　それこそ、自分が捉えようと何日も空しく努めていたものだ。それこそ、あの見分けられぬ盤面（ハローン）、目も眩むまぶしさの盤面の一瞬のきらめきに自分が絶えず追い求めていたものだ。思考の到達できる最終的限界は、あらゆる性質を取り除いたとしてさえ、一つの存在、一つの場、一つの事物ではない。そうではなく、それは書板という、思考自体の絶対的潜勢力、表象自体の純粋な潜勢力なのだ！　それに対して、〈一〉として、思考の絶対的〈他者〉としてこれまで自分が考えていると信じてきたものは、ただ材（マテリア）でしかなかった。思考の潜勢力でしかなかった。筆生の手が文字で埋めてきたこの長大な大部一巻は、まだ何も書かれていない完璧に平滑な書板を表象しようとする企てに他ならなかった。自分の作品を完了させることができないのはそのためだ。自らを書くことをやめられぬものは、自らを書かずにいることを一度としてやめぬもののイメージである。一方のなかに、捉えられぬ他方が鏡像となって映っている。ついにすべてが明瞭になった。いまや自分は書板を割ることができ、書くのをやめることができる。というよりむしろ、本当に始めることができる。いまや彼は、何かを認識不可能だと認識する私たちが認識するのは当のものについての何かではなく私たちについての何かである、という格言の意味を自分が理解していると信じた。かつて一度として存在することのできなかったものが、消散しながら、始まりの微光の起こるに任せていた。

I

材（マテリア）のイデア

決定的経験は、経験した者にとっては物語るのがかくも困難なものだと言われるが、それは経験でさえない。それは、私たちが言語運用の諸限界に触れる点に他ならない。だが、そのとき私たちの触れるものが、それを描写する言葉が私たちに欠けているほど新しく怖ろしい事物だというわけでないのは明らかである。そこで触れられるものはむしろ、「ブルターニュの話材（マテリア）」や「主材（マテリア）に入る」、さらには「題材（マテリア）索引」と言う意味での材（マテリア）である。この意味で自らの材（マテリア）に触れる者は、言うべき言葉を単に見いだす。言語運用の終わるところで始まるのは、言われえぬものではなく、言葉の材（マテリア）である。古代人たちは言語のこの木質の実体を「森」と呼んでいたが、夢のなかにおけるようにこの実体に到達したことのない者は、黙っていてさえ表象に囚われている。

それは、見かけ上死んだようになった後に生き返った者たちにとっても同様である。

本当は、彼らは死んだのではまったくないし（さもなければ彼らは戻って来なかっただろう）、いつの日か死なねばならないという必然性から解放されたというのでもない。そうではなく、彼らは死の表象から解放されたのである。自分の身に降りかかったことについて問い訊ねられた彼らが、死について言うべきことを何ももたず、自らの生について多くの物語の材（マテリア）、多くの美しい説話の材（マテリア）を見いだすのはそのためである。

散文のイデア

散文に対する詩の詩たる身元は句跨り（アンジャンブマン）の可能性によって確かめられる。この定義を除けば、いかなる詩の定義も完璧に満足の行くものではない。この事実は、どれほど省察しようとけっして足りることはないだろう。この観点からすれば、量もリズムも音節数も充分な区別を提供してはくれない——それらの要素はすべて散文においてもありうるものである。韻律上の限界を統語上の限界に対立させることのできる言説こそが他ならぬ詩であって（実際には句跨りが見られない詩もあるが、それらはすべてゼロ句跨りの詩だということになる）、それができない言説は散文である。

ゼロ句跨りが規則となっている詩人もいるし——ペトラルカがその始祖である——、それに対して、句跨りが著しく優勢な傾向にある詩人もいる——カプローニはこちらに数えられる。しかしながら、最近のカプローニでは、この傾向がおよそありそうもない状態にまで嵩じている。そこでは、句跨りは詩を呑みこんでしまい、句跨りの現前を証示するのを可能にする諸要素だけへと——つまりはその特定の差分的中核だけへと——詩は縮減されている。すでに見た意味で、句跨りによって詩的言説の弁別特徴が同定されるとすればである。直近の一篇の詩から引用しよう。

……扉は
白く…
　　扉は
透明さから、
不透明さへと運び…
　　　　扉は

…… La porta
bianca...
　　La porta
che, dalla trasparenza, porta
nell'opacità...
　　　　La porta

ここでは、詩の伝統的な韻律上の堅固さが思いきって縮められている。後期のカプローニにおいてかくも特徴的な宙吊り符が、ここではまさに、詩の韻律的テーマを詩の構成的中核を超えた先へと展開させられないという不可能性をしるしづけようとしている（構成的中核は始まりにではなく終わりに、畝回し（ウェルスラ）の点にある——これは何度も言われたすえ自明となった指摘だが、凡庸な指摘ではない）。カプローニが教訓を活かしたシューベルトの五重奏、作品番号一六三のアダージョにおいて、旋律の楽句を弦楽器が完了した形で定式化できないという不可能性がそのつどピッツィカートによってしつこく示されているのと同様にである。しかし、だからといって詩が詩であることをやめるわけではない。繰り返すが、句跨りは、散文を詩の領域に併合するマラルメの白とは異なり、詩作の必要にして充分な条件である。

いったい何が、詩の韻律に対するそのような至上権を句跨りに授けているのか？

句跨りは韻律的要素と統語的要素のあいだ、音的リズムと意味のあいだの不一致・遮断を露呈させる。詩を音と意味の完璧な密着が到達される場と見なすという先入見が広まっているが、じつはその反対であって、まるで詩は内奥における音と意味の不和によってのみ生きるというかのようである。詩行は統語上の結びつきを破断することで詩の詩たる身元を肯定するが、その肯定の行為自体において、詩行は次の詩行へと弓なりに折り重なるよう不可抗的に引きつけられる。自らの外に投げ出したものを捉えるためにである。詩行は、自らの可転性を証示するのと同じ身振りで散文の一節をほのめかす。詩行という純粋に音的な単位は意味の深淵へと頭から飛びこみ、そのことにおいて自らの韻律もろともに詩の詩たる身元をも侵犯する。

かくして句跨りは、詩的でも散文的でもない原初的な歩調を明らかにする。それはいわば牛耕的な歩調である。その歩調は、人間のあらゆる言説のもつ本質的な散文韻律性である。それが早くも『アヴェスター』の「ガーサー」やラテン文学のサトゥラに証示されているということは、近代の境界で『新生』によって散文韻律が提案されたのが単に挿話的なことではないということの証拠である。韻律論において名指されることはないが詩の中核をなしている畝回（ウェルスラ）しは（その中核が露出するのが句跨りである）、後ろ（詩）と前（散文）という、互いに対立する二方向に同時に向かう両義的な身振りである。この宙ぶらり、意味と音のあいだのこの崇高なためらいは、思考が片をつけねばならぬ詩の遺産である。プラトンはその遺産を拾い集めるために書きものの伝統的形式を拒否し、あの言語運用のイデアをじっと見つめた。アリストテレスの証言によれば、それはプラトンにとっては詩でも散文でもなく、その中間だったという。

句切れのイデア

もしかすると二十世紀のいかなる詩も、ペンナの詩ほど意識的に詩のリズムを句切れの制動へと委ねてはいないかもしれない。それどころかこの詩人は、たったの二行連句で、いかなる韻律論もこれに匹敵しないような句切れの扱いを究め尽くしてさえいる。

河のほうに行くと乗っている馬が
私の考えることしばしばしばし止まる

Io vado verso il fiume su un cavallo
che quando io penso un poco un
　　　　　poco egli si ferma

旅をするのに詩人が乗っている馬とは、「ヨハネの黙示録」のとある古来の釈義の伝承によれば、言語運用の音的・声的な要素のことである。「ヨハネの黙示録」第十九章第十一節で、ロゴスは白い馬に乗る「忠実にして真実」なる騎士と描写されているが、オリゲネスはこの一節を註解して、この馬とは声のこと、音的発語としての言葉のことだと説明している。それは「いかなる駿馬よりも勢いよく、速く走る」言葉であって、ただロゴスのみがそれを認識可能なもの、明瞭なものにする。アキテーヌのギヨームはロマンス詩の起源において、そのような「馬に乗って眠りこんで（en durmen sus un chivau）」いるときに自分の詩（ヴェルス）を編んだと宣明している。二十世紀のはじめにパスコリにおいて（後に、他ならぬペンナにおいて、またデルフィーニにおいて）馬が自転車という陽気な形象を取っているのは、このイメージが象徴的な執拗さをもっていることの確かなしるしである。

声の韻律上の勢いを停止させる要素である詩の句切れとは、詩人にとって、思考である。だが、ペンナによるこの問題の扱いが模範的なのは、この二行連句のテーマ上の内容がその韻律的構造のなかに完璧に映りこんでいるというところである。その内容は、第二詩行を二つの半行へと砕く句切れのなかに完璧に映りこんでいる。意味と韻律の並行性は、句切れの二つの境界にある同じ単語の反復によってさらに強められている。それによって、休止に対してほとんど叙事詩的な堅固さが与えられるほどである。その堅固さとは、身振りを半分のところで宙吊りにして鵞鳥の途方もないよた歩きにしてしまう、二つの瞬間のあいだの非時間的なすき間のもつ堅固さのことである（この詩人が、二重詩行の最たるものであるアレクサンドランを書いたのは、もしかするとそのためかもしれない。慣習上、アレクサンドランの句切れは叙事詩的句切れと定義されている）。

だが、詩行の馬を止めているこの句切れにおいて考えられているのは何か？　詩のリズム的な運びがこのように中断されることで見えるようになっているのは何か？ここではヘルダーリンが、まったく曖昧さのないしかたで応答している。「じつのところ、悲劇的な運びはまさしく空虚であり、最も自由である。それゆえに、運びの開陳される表象群のリズム的な継起のなかに、韻律論において句切れと呼ばれているものが必要になる。それは純粋な単語、反リズム的な中断である。これが必要になるのは、絶頂において、表象群の魅惑的な入れ替わりに対立するためであり、それによってもはや表象群の入れ替わりがではなく、表象自体が現れへと到来するようにである」。

　詩行の勢いを動かしているリズム的な運びは空虚である。それはただ自らの運び以外ではない。詩の馬がしばし止まるあいだに、句切れが純粋な単語として――少しのあいだ――考え、宙吊りのままに保つのがこの空虚である。ライムンドゥス・ルルスが彼の述法で次のように明快に書いているとおりである。「彼は馬に乗って進み、爵位ある騎士になろうと宮廷に向かっていた。そのうちに、乗馬の歩みに揺られて眠りこんだ。だが、とある泉のところに辿り着くと、動物は飲むために止まった。乗り手は馬がもう動かないと夢のなかで感じ、すぐに目を醒ました」。ここでは、馬に乗って眠りこんでいる詩人が目醒め、一瞬、自らを運んでいる霊感を観想するが、その彼が考えているのは自分の声に他ならない。

召命のイデア

詩人は何に忠実なのか？　ここで問われているのは確かに、命題において固定したり信条において記憶したりすることのできない何かである。だが、自分に対してさえ一度として定式化せずに当の忠実さを保存することなど、どのようにすればできるのか？　それならば、その忠実さは、そこで忠実さが肯定されるまさにその瞬間に、そのつど精神の外に出るのでなければならないということになる。

中世のとある語彙集は、oblivisci〔忘却する〕という文学的表現の代わりに用いられるようになっていたdementicare〔忘れる〕という新語の意味を「dementicastis: oblivioni tradidistis〔忘られた：忘却へと伝え渡された〕」と説明している。忘れられたものは、単に抹消されたり脇に除けられたりしているのではない。それは忘却へと**引き渡され**ている。このはっきり口にされえぬ伝承の図式は、ヘルダーリンがソポクレスの『オイディプス』の翻訳への註記において次のように書くとき、最も純粋なしかたで開陳された。いわく、神と人間は「天上の者たちの記憶が消えてしまわぬように、不忠実という、すべてを忘れがちな形式で交流する」。

テーマ化されえないが、単に黙っているわけでさえないものへの忠実さとは、聖なるたぐいの裏切りである。その裏切りにおいて、記憶はつむじ風よろしく一挙に向きを変え、雪をかぶった忘却の額（ひたい）を発見する。この身振り、記憶と忘失のこの逆さまの抱擁は、記憶されぬものと忘れえぬものの同一性をその抱擁の真ん中に手つかずのまま保存している。それが召命である。

〈単一のもの〉のイデア

一九六一年、パリの版元フリンカーからの二言語使用の問題に関するアンケートに対して、パウル・ツェランは次のように回答した。

「私は詩に二言語使用があるとは信じない。二枚舌——そう、それならば、同時代のさまざまな言語芸術というか言語芸当にも存在する。とくに、そのつど異なる時代の文化消費と浮かれて同調できるような、多言語を使いもし多色でもあるような芸当にはである。

詩——それは言語運用の運命的な単一性である。だから——陳腐な真理を口にすることをお許しいただきたいが、詩は真理と同様、あまりにしばしば陳腐なものになっている——、だから二回はない」。

イディッシュの他に少なくとも四つの言語が日常的に話されているブコヴィナとい

う地方で生まれ育ったユダヤのドイツ語詩人にとって、この回答は軽々しく寄せることのできるものではありえなかった。戦争直後のブカレストで、友人たちはルーマニア語詩人になるよう彼を説得しようとした（ルーマニア語で書かれたこの時期の数篇の詩が保存されている）。そのために彼らは、ナチの収容所で両親を殺した者たちの言語で書いてはならないとツェランに思い出させたが、そのとき彼は単に次のように応答していた。「母語においてのみ、人は自らの真理を言い表すことができる。外国語では詩人は嘘をつく」。

ここで詩人にとって問われている言語の単一性の経験とはどのような種類のものだったのか？　なるほど、それは単に、他の諸言語を排除はするもののそれらと同じ平面で母語を用いる単一言語使用という経験のことではなかった。むしろそれは、母語についていて「精神において第一である、単一にして唯一のもの」と書いたときにダンテの念頭にあった経験だった。じつのところ、つねにすでに単語の数々をあらかじめ仮定している言語の経験というものはある――つまり、私たちはその言語の経験において、まるで言葉のために単語の数々を自分がつねにすでにもっているかのように話し、まるで言語をもつよりもさらに以前に当の言語をもっているかのように話す（そこで私たちが話す言語はけっして単一のものではなく、メタ言語の限りなき逃げ去りにおいて捉えられる二重のもの、三重のものである）。それに対して、また別の経験もある。その言語運用を前にして、人間が単語を絶対的に欠いているという経験である。その言語を指す単語を私たちはもっていない。文法的な言語とは違い、存在するよりもさらに以前にそこにあるふりをしないその言語、「精神全体において唯一にして第一」であるその言語こそが私たちの言語、つまり詩の言語である。

ダンテが『俗語詩論』において探し求めていたのが、半島の俗語の森で選り抜いたこれこれの母語ではなく、自らの香りをそのおのおのの母語のなかに拡げながらも、そのいずれの母語とも一致しないあの華麗なる俗語なるものだったのはそのためである。プロヴァンス人たちが、数多くの固有語のバベル的長舌によって、遠く隔たっている単一の言語の実在を証示してくれる詩ジャンル――不和――を知っていたのはそのためである。単一の言語とは一つの言語ではない。この単一のものに対して人間たちは、ありうべきただ一つの母的な真理、つまり共通の真理に対するようにして参与するが、この単一のものはつねにすでに分割されている。この単一の言葉に到達するとき、人間たちは与するものを決め、一つの言語を選ばねばならない。それと同様に、私たちは語りながら、何かを言うことしかできない――私たちは、真理だけを言うことはできない。私たちは、自分が言っているということだけを言うことはできない。

だが、分割されているとともに与しえぬものでもあるこの単一の言語との出会いがこの意味で一つの運命となっているという自白は、弱り目に詩人が洩らしてしまったものにすぎない。じつのところ、意味する単語がまだないところ、一言語の身元がまだないところに、どのようにして一つの運命がありうるというのか？　そのとき、まだ私たちが話す者でないとすれば、その運命は誰に起こるものだというのか？　話さぬ者という名のとおり言語を前にして単語をもたずにいるときの幼児ほど、手つかずなもの、遠くかけ離れたもの、運命を欠いたものもない。運命が関わるのはただ、世界のインファンティアを前にしながら、自分はインファンティアに出会えるのだと請けあう言語だけ、インファンティアに関して、インファンティアについて、ずっと以前から名以外に言うべき何ものかがあるのだと請けあう言語だけである。

言語に一つの意味があるとするこの空しい約束が、その言語の運命である。つまり、その言語の文法であり、その言語の伝承である。その約束を信心深く拾い集め、その空しさを示しながらも真理を決め、その空虚をおぼえておこう、その空虚を完了させようと決める幼児、それが詩人である。だがそのとき、詩人の前にある言語は単一のもの、言語自体へと遺棄されたものである。その単一さ、その遺棄たるや、言語がもはやいかなるしかたでも自らを課さない――むしろ（これもまた、詩人が後に述べた言葉だが）絶対的に自らを露出させる――ほどである。ここにおいて、単語の数々の示す空しさは本当に心の高みに到達した。

述法のイデア

かつて、詩が責任ある実践だった頃、詩人は自分が書いたものをそのつど説明できるものとされていた。プロヴァンス人たちは、歌のこの閉じた基礎を開陳することを理（ラソ）と呼んでいた。ダンテは、詩人は恥をかきたくなければ機会に応じてその基礎を「散文に開く」ことができなければならないと言っていた。

一九五六年、デルフィーニは自分の物語集の第二版に序を付け加え、『バスク娘の思い出』のために理（ラソ）を書いたが、それは、一人の詩人が自分の作品に対して一度として想像したことのないような最長の理（ラソ）だった。だが、愛の詩人たちのあいだで習わしとなっていたように、このばあいも理（ラソ）は読者に道を踏み迷わせうるものである。じつのところ、理（ラソ）は読者をただちに作者の伝記という方向へと向かわせる。その伝記は——もちろん——作品から出発して発明される伝記なのだが、読者はそれを実際のことだと思いこむ怖れがある。バスク娘というのは彼の詩の言語、彼の詩の述法に対して与えられている透明な仮名（セニャル）であるが、かくしてそれがイサベル・デ・アランサディになる。二十年前のとある夏に、レーリチで知りあいになった少女である。

バスク娘とは、どうやっても思い出せないほど内奥的なもの、それでいてそこにあるもののことである。思い出せないというこの至福の不可能性（「無理に思い出そうとしてもイメージさえ浮かばないほど彼女には近くにいてほしいと私は思う」）、これがこの物語の真のテーマである。この物語はその結果、一つの異言になって終わる。つまり、精神が――少なくとも見かけ上は――ただちに声と混ざりあう一言語の神話になって終わる。しかしながら、物語は『バスク娘の思い出』と題されている。そのことが意味しているのは、この書きものが、まさにこの思い出せない近さを捉えようとする、この距離を置きえない愛を捉えようとする、はじめから失敗へと断罪された企てだということである（「この思い出の、救いようのない悲劇」はここに由来する）。それに、物語自体はとある詩への理（ラツ）にあたるが、当の詩は実際には異言ではなく、純粋きわまりないバスク語の俗謡（コプラ）である。それを翻訳すると、次のような数詩行で終結している。「私が詩を見つけるとき／きみは眠りこみつつある／私の歌がきみにとって／夜の夢であらんことを」。

デルフィーニはこのように自己矛盾しながら、彼の範になったとおぼしい二十世紀イタリア文学のまた別のバスク娘に対して合図をしている。そのバスク娘とはマヌエリタ・エチェガライ、『オルフェウスの歌』の「二元論」に出てくるクレオール娘だが、その名は彼女がまぎれもなくバスク出身であることをあらわにしている。詩の生まれつきの無媒介性を能天気に信ずることに対して、カンパーナは二元論、二言語併用（ダイグロシア）のほうに価値を与えている（すでに指摘されているとおり、ここで彼は自分の詩学を定式化している）。彼によれば、記憶と無媒介性、文字と声、思考と現前という二元論、二言語併用こそが詩の経験を構成する。一方の、考えることができないという不可能性（「私は考えていなかった、私はあなたのことを考えていなかった、私はあなたのことを考えたことは一度もなかった」）と、他方の、ただ考えることだけができるという能力、一方の、現在との愛ある完璧な密着において何かを思い出すことができないという無能力と、他方の、まさにそのような愛が不可能だということから立ち現れてくる記憶、この両者のあいだで詩はつねに分割されている。内奥におけるこの食い違いこそが彼の述法である。この詩人はフォルケよろしく、歌のなかでただ忘れたいと欲している当のことを歌のなかで思い出す。あるいはまた——これこそが至福というものだが——、歌のなかで思い出したいと欲していた当のことを歌のなかで忘れる。

叙情詩——ひたすらそのような述法にしがみつく叙情詩——が必然的に空虚であり、つねにすでに暮れてしまっている日の縁（へり）に釘づけになったままであるのはそのためである。叙情詩には言うべきこと、物語るべきことが文字どおり何もない。だが、詩の言葉が慎ましく、疲れきって始まりにとどまっているおかげで、語り手が自らの物語の材（マテリア）として拾い集める生きた経験の空間が思い出において、また言葉においてはじめて生ずる。

記憶の本におけるベアトリーチェの痕跡が一つの新生を描き出すのはそのためであ

る。「「バスク娘の思い出」の思い出」が――デルフィーニは自分の長大きわまりない理（ラソ）をそのように定義しているが――一つの自伝であるのはそのためである。

真理のイデア

『ゾーハル』の最初の数ページでは、最高認識の対象は不在だということが説かれている。ともあれ、最高認識の対象が不在だということはあらゆる神秘思想の最終的な教えとなってはいるが、ショーレムは、この不在を定式化するということには何か限りなくつらいところがあると書いたことがある。『ゾーハル』のその数ページによれば、認識の極限には〈何？〉という疑問代名詞があり、それを超えた先ではいかなる応答もありえない。「段階を踏んで最終的段階を見分けよう、認識しようと努めて人間が問い訊ねるとき、その者は〈何？〉に到達する。つまり、おまえが理解したのは〈何？〉おまえが見たのは〈何？〉おまえが探したのは〈何？〉だが、始まりと同様に、すべては不可入なままである」。しかし、『ゾーハル』によれば、それとはまた別の疑問代名詞こそがさらに内奥のもの、さらに隠されたものであって、それが天界の上限をしるしづけているという。その疑問代名詞とは〈誰?〉である。〈何?〉が何（中世哲学の何）を問う問いだとすれば、じつのところ〈誰?〉は名を訊ねる問いである。「不可入なものが、〈古き者〉が、それを創造した。それは誰か? それは〈誰?〉［……］それは問いの対象であるとともに、あばかれえぬ閉じたものであるから、〈誰?〉と呼ばれている。それを超えた先には、もはや問いはない。［……］それは存在するとともに存在せず、名のなかにあって不可入で閉じており、〈誰?〉以外の名をもたない。それはあばかれることへの切望、一つの名によって呼ばれることへの切望である」。

確かに、〈誰?〉の限界にひとたび辿り着いた思考はもはや対象をもたない。そのような思考は、最終的対象が不在だということを経験する。だが、これは絶望的なことではない。というよりむしろ、それが絶望的であるのは、ある問いを別の問いと取り違え、もはや回答のみならず問いさえありはしないところで〈何?〉と訊ね続けるような思考にとってだけである。仮に、最終的な認識が客観性という形式を依然としてもっていたとするならば、それこそ本当に絶望的なことだろう。まさに、認識の最終的対象が不在だということこそが、諸事物の救いようのない悲しさから私たちを救済してくれる。これこれのことを客観化するような言説で定式化できてしまうような最終的真理はすべて、仮に幸福な見かけをしているとしても、断罪という運命論的特徴、真理へと断罪されてあるという運命論的特徴を必然的にもってしまう。真理がこの最終的な閉ざしこみに向かって漂流してしまうということは、実際のあらゆる歴史的言語に見られる傾向である。詩と哲学はこの傾向に対して頑なに逆らっているが、それに対してこの傾向を糧としているのが、人間の言語運用のもつ、これこれを意味するという権力であり、そしてまた人間の言語運用の不可避な死である。プラトンのとある定義（ホロス）は、真理とは霊魂に固有な開かれのことだと言うが、その真理が言語運用を通じて、また言語運用において、最終的な不易の事態へと、運命へと固定されてしまう。

真理が諸事物の世界のなかにこれを限りと閉塞してしまうように思われる最も残虐な瞬間に、ニーチェはこの思考から永遠回帰という考えによって、言われる「然り」

によって、自らを救済しようと努めた。じつのところ、永遠回帰は最終的な事物であるとともに、最終的な事物の不可能性でもある。諸事物の世界のなかに真理が閉塞してしまうことが永遠に反復されるというのは、反復である以上は、そのような閉塞の不可能性でもある。これは、ニーチェの最高の定式化において運命愛と呼ばれる。

この、運命と記憶のあいだの妥協の怪物的定式化においては、思い出の対象でしかありえぬもの（同一なものの回帰）がそのつど運命として捉えられるが、この定式化は真理の歪んだイメージであって、現代はこれに片をつけることに成功していない。というのも、霊魂の開かれ――真理――は限りなき運命へと開け放たれたままでもないし、一つの事態の永遠の反復のなかに閉塞しているわけでもないからである。そうではなく、真理は一つの名のなかへと開かれることにおいて事物をただ照らし出し、事物のなかへと閉塞しながらも当の事物の見かけを摑み、名を思い出す。一方の贈与と他方の記憶、一方の対象なき開かれと他方の対象でしかありえぬもの、これら両者の困難な交差が真理であり、そこにこそ義人はとどまると『ゾーハル』の作者は書いている。「〈誰?〉は天空の上限であり、〈何?〉は下限である。ヤコブはその両方を遺産として継承している。彼は一方の限界から他方の限界へ、〈誰?〉という最初の限界から〈何?〉という最後の限界へと逃げる。そして彼は、両者の中間に身を置く」。

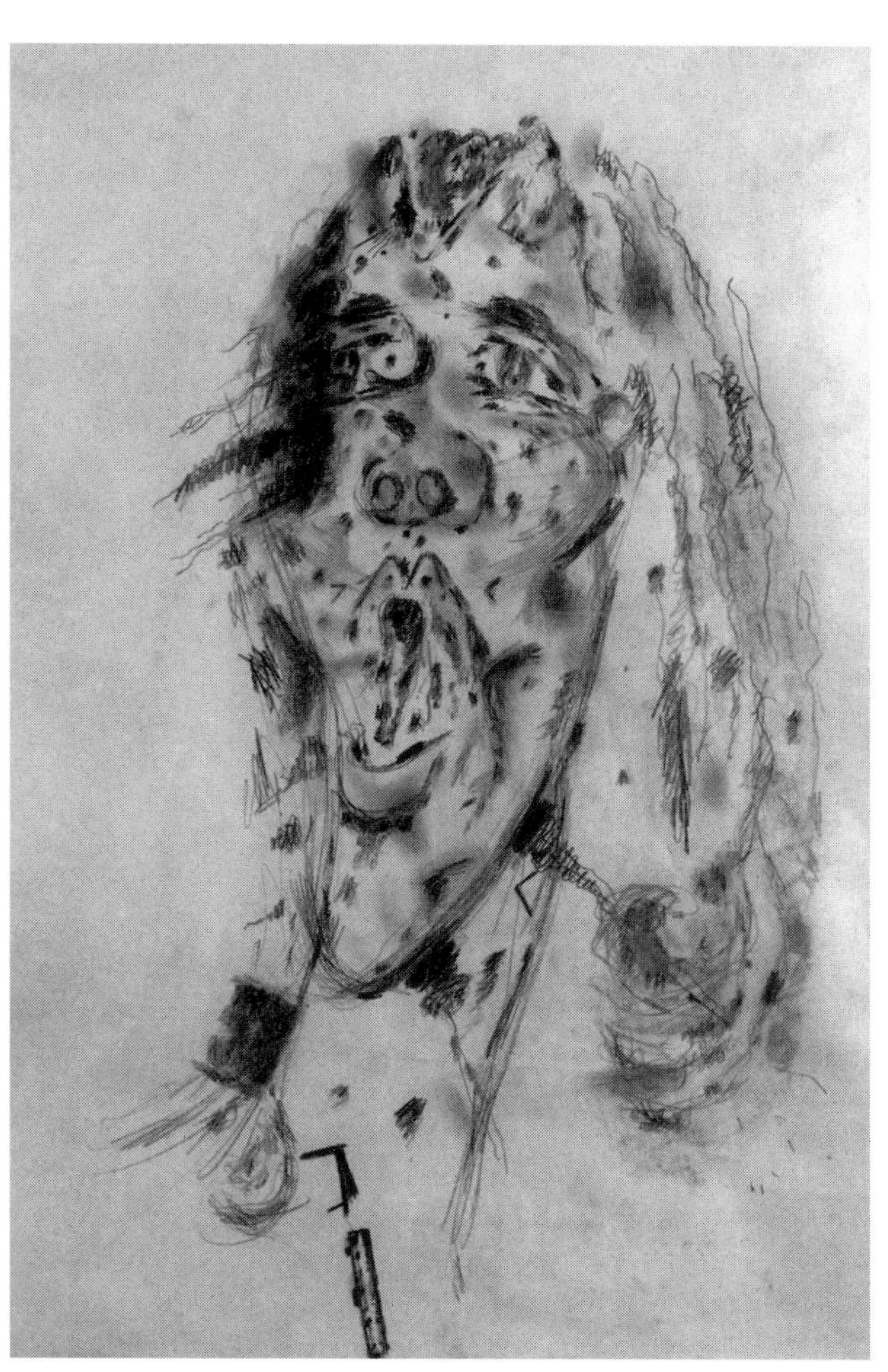

ムーサのイデア

ハイデガーは、何本かの大木が蔭を作っているル・トールのとある庭でセミナーをおこなっていた。村の外に出て、トゥーゾンやル・ルバンケの方向へと歩いていくこともときどきあった。そのようなとき、セミナーはオリーヴ畑の真ん中にぽつんとある小屋の前でおこなわれた。ある日のこと、セミナーが終わりに近づいた。生徒たちが彼のまわりにひしめきあい、質問し続けていると、哲学者は単に次のように応答した。「あなたたちは私の限界を見ることができるが、私にはできない」。彼はその何年か前に、思想家の偉大さは自らの内的限界への忠実さによって計り知られると書き、また、その限界を知らずにいることは——言われえぬものとの近さゆえにその限界を知らずにいることは——、存在が稀にもたらすことのできる秘密の贈与だと書いていた。

非隠蔽性がありうるために隠蔽性が維持されるということ、記憶がありうるために忘失が保管されるということ——これが霊感である。言葉や思考にあわせて人間を調律するムーサ的移調である。思考は、この隠蔽性のなかで自分を見失ってはじめて、思考の当のものがもはや見えなくなってはじめて、思考の当のものの近くにある。これこそが思考のもつ、述法という特徴である。つまり、言葉が単にこれこれの主体によってでっちあげられるのではなく起こるということがありうるためには、隠蔽性‐非隠蔽性、忘却‐記憶という弁証法がなければならない。（私は——これは明瞭なことだが——自分に霊感をもたらすことはできない。）

だが、この隠蔽性はまた奈落の中核でもあって、そのまわりには性格と運命の暗がりが凝集している。その隠蔽性は言われぬものでもあって、それは思考のなかで育ち、思考を狂気へと陥れる。師に見えていないのは師自身の真理である。その真理とはつまり、師の限界は師の始まりだということである。見られることなく、露出されることなく真理は没するところへと入りこみ、真理のアメンテのなかへと閉塞する。

「一哲学者が、しかじかの折りあいをつけるために、見かけ上のこれこれの非一貫性に手を染めるというのは考えられることである。彼自身、そのことを意識することはできる。ただ、彼の意識していないことがある。そのような見かけ上の折りあいの可能性がその始まりの不充分さに、不充分なありかたに最も内的な根をもっているということである。つまり、哲学者が本当にしかじかの折りあいをつけているならば、弟子たちはその哲学者の内的・本質的な意識から、彼自身にとって外部的な意識の形を取ったものを説明せねばならない」。

始まりの不充分なありかたは、始まりをムーサ的な限界として、霊感として構成する。だが、師が書くことができ、私たちにとっても霊感となることができるためには、師は自分の霊感を鎮め、自分の霊感に片をつけねばならない。霊感ある詩人には作品がない。霊感のこの消去は、没するところの陰から思考を引き出す。この消去がムーサの露出、つまりイデアである。

愛のイデア

無縁な存在の内奥性において生きること。それも、その存在に近づくために、その存在を知られたものとするためにではなく、その存在を無縁なもの、遠いもののままに、それどころか目立たぬもの——その存在の名にその存在のすべてが含まれてしまうほど目立たぬもの——のままに維持するために。居心地が悪かろうと、来る日も来る日も、自分のほうはつねに開かれている場だけ、不滅の光だけであること。その光のなかで、当の一つのもの、当の事物はこれを限りと露出され、封じこめられたままとなる。

研究のイデア

タルムードは研究を意味する。バビロン捕囚のあいだに神殿が破壊され、もはや供犠を執行できなくなったため、ユダヤ人たちは自分たちの身元の保存を礼拝よりも礼拝の研究に託した。それに、トーラーはもともと法ではなく教説を意味していた。ラビのさまざまな法の集成を指し示していたミシュナという辞項にしても、その由来となっている語根の意味は何よりもまず「反復する」だった。キュロスの勅令によってユダヤ人たちがパレスティナへの帰還を許可されると、神殿が再建された。だが、イスラエルの宗教はいまや、流謫の信心によってこれを限りとしるしづけられていた。荘厳な血まみれの供犠が執行されていた単一の神殿のそばに、単なる会合と祈りの場であるシナゴーグが数多く建てられた。パリサイ派と書記たち、つまり本と研究を旨とする人間たちの影響がしだいに強まり、これが祭司たちの支配に取って代わった。紀元後七〇年、ローマの軍団が新たに神殿を破壊した。しかし、ヨハナン・ベン・ザッカイという学識あるラビは、包囲されていたイェルサレムから秘かに外に出て、ヤムニア市でトーラーの教えを続ける許可をウェスパシアヌスから得た。それ以来、もはや神殿は再建されず、かくして研究すなわちタルムードがイスラエルの真の神殿となった。

つまり、ユダヤ教の遺産には、研究のもつこの救済論的極性なるものも数えられる。この極性は、自らの礼拝を執行するのではなく当の礼拝を研究対象とする宗教に固有のものである。あらゆる伝統において尊重されている研究者という形象がかくして、異教世界には知られていないメシア的意義を獲得する。そこで問題になっているのは救済であるから、研究者による要求は義人による救済の要求と混ざりあう。

しかし同時にそれは、互いに矛盾する緊張をも帯びている。じつのところ、研究とはそれ自体きりのないものである。何冊もの本のあいだを長時間にわたって放浪し、自分の出くわすあらゆる断片、あらゆる写本、あらゆる頭文字が新たな道を開くと思え、その道がまた新たな出会いによって見失われるという経験をしたことのある者であれば、あるいはまた、ヴァールブルクが蔵書に刻印したあの「良い隣人の法則」の迷宮的幻覚を覚えたことのある者であれば、研究に終わりがまさにありえないのみならず、研究が終わりをもとうと欲してさえいないということを知っている。ここにおいて、studium〔研究〕という辞項の語源が透明になる。これは、衝突やショックを指し示す*st-ないし*sp-という語根に遡る。この意味で、「研究する（ストゥディアーレ）」と「呆然とする（ストゥピーレ）」は互いに類縁関係にある。研究する者は衝突を受ける者と同じありかたをしており、自分に衝撃を与えたものを前にして呆然とし、それに片をつけることもできず、それから身を引き離すにも無力である。つまり、研究者はつねに呆（ほう）けている。しかし、研究する者がかくも唖然とし没頭している一方、つまり研究が本質的に受苦にして受動である一方で、研究に含まれているメシア的遺産は研究を終結へと絶えず推し進めている。このゆっくり急げ（フェスティナ・レンテ）こそが、このように呆然と明晰、発見と見失い、受動と能動が入れ替わり訪れるということこそが、研究のリズムである。

アリストテレスが現勢力に対立させて「潜勢力」と定義づけているあのありかたほ

ど、これに似ているものもない。潜勢力は、一方では受動的潜勢力（ポテンティア・パッシウァ）、受動性、純粋な受動にして潜在的には限りなき受動である。だが、それは他方では能動的潜勢力（ポテンティア・アクティウァ）、完了へと向かう停止させられぬ緊張、現勢力へと向かう切迫である。フィロンが、完了した知恵をサラに譬えているのはそのためである。自分が不妊であることから、子をなすことができるようにと自分の婢（はしため）ハガルと交わるようアブラハムに促すサラにである。つまり、ハガルが研究にあたる。しかし、研究はひとたび子をなすと、女主人サラの手に取り戻される。プラトンが「第七書簡」で、心に最も引っかかっているものと自分との関係を指し示すために、「研究する」と類縁関係のある動詞（spoudazō〔勤勉に取り組む〕）を使っているのも偶然ではない。名や定義や認識の数々を長きにわたって勤勉にこすりあわせた後ではじめて、精神のなかに火花が生み出される。その火花が精神に火をつけつつ、受動から完了への移行をしるしつづける。

　このことは研究者の悲しさを説明してくれる。潜勢力にとどまることが引き延ばされることほど苦いこともない。パスクアーリがモムゼンの遺書から書き写すふりをして、研究者という実存の謎めいた暗号として立てたあの文献学的メランコリー（メランコリア・フィロロギカ）ほど、この現勢力の絶えざる遅延から生じうるつらい陰鬱を示してくれるものもない。

研究の終わりがけっして訪れないということもありうる――そのばあい、作品はいつまでも断片や整理カードの状態にとどまる。あるいはまた、研究の終わりが死の瞬間と一致するということもありうる。その死の瞬間に、完了した作品と思われていたものが単なる研究であることが明らかになる。聖トマスのばあいがそうである。彼は死のわずか前に、友人レギナルドゥスに次のように秘かに打ち明けている。「私の書きものの終わりが来ている。というのも、いまや私に対してあばかれたことと比べれば、私が書いてきたこと、教えてきたことのすべてはつまらぬものと思えるからである。だから、教説の終わりとともに、生の終わりも早く来てほしいというのが私の希望である」。

しかし、私たちの文化において研究を最も模範的に体現する最終的な者は、偉大な文献学者でも聖なる教会博士でもない。それはむしろ、カフカやヴァルザーのしかじかの小説に現れるような学生である。その原型はメルヴィルの学生にある。彼は「墓さながらの」天井の低い部屋で肘と膝を合わせ、額を両手のあいだに入れている。その学生の最も疲れきった形象は、書くのをやめた筆生バートルビーである。ここにおいて、研究のもつメシア的緊張は顚倒される。というよりむしろ、その緊張は緊張自体を超えた先に行ってしまっている。彼の身振りは、自らの現勢力に先行ではなく後続する潜勢力の身振り、自らの現勢力をこれを限りと背後に放置してきた潜勢力の身振りである。それは、神殿の再建を断念したのみならず、まさに神殿を忘れてしまったタルムードの身振りである。（この学生たちが研究をおこなうのは、洗礼を受けていない子どもたちや異教の哲学者たちが歴史的時間の終わった後でも辺獄において研究することができるのと同様である。その子どもたち、その哲学者たちは、未来からも過去からももはや何も希望しない。）このように、研究は、自らを歪める悲しさから自らを解放し、自らの最も真の本性へと回帰する。その本性とは作品ではなく霊感である。霊魂の自己給養である。

記憶の及ばぬもののイデア

私たちは目醒めながら、自分が完璧に満足するほどのはっきりとした明瞭さをもった真理を夢のなかで見たとわかっていることがときどきある。あるときは、自分の実存の秘密の封印を一挙に解いてくれる書きものを見せられる。またあるときは、尊大な身振りをともなったただ一つの言葉、あるいは子守歌において繰り返されるただ一つの言葉が、さまざまな影からなる風景全体を一瞬のきらめきのうちに白く光らせ、細部のおのおのを、あらためて見いだされた最終的な相貌へと引き渡す。

しかしながら、私たちは目醒めるときに夢のすべてのイメージを明晰に思い出すのに、あの書きもの、あの言葉はその真理としての力を失ってしまう。論破されてしまったそれらを、私たちは悲しみながら手当たりしだいにひっくり返すが、それらがかつてもっていた驚異をかき集めることはもはやできない。私たちは夢を見るが、私たちには夢の本質的なところが欠けてしまっており、その欠如は説明されえない。夢の本質的なところは、目の醒めている私たちにはもはや達することのできないあの土地に埋もれたままとなっている。

次のことは完璧に明らかに違いないが、そのことに私たちが気づくのに間に合うことは滅多にない。すなわち、私たちは夢の秘密を他の場、他の時間にあるものと空しく信じているが、私たちにとって夢はその全体が、目醒めるときに私たちの頭のなかで閃光の輝くその瞬間に存在している。思い出は私たちに夢を与えてくれたが、他ならぬその思い出は私たちに、夢を苛む欠如をも差し出している。ただ一つの身振りにこの両方が含まれている。

これと類似した経験は無意志的記憶において起こる。そこでは、忘れられている事物を私たちに回復してくれる思い出自体が当の事物を忘れがちであって、その忘失が当の思い出の光なのである。だが、そこから郷愁が材(マテリア)の体をなしてくる。悲歌の音符は人間のあらゆる記憶の奥底で執拗に震えている。その執拗さたるや、極限的には、何も思い出させぬ思い出が最も強い思い出であるほどである。

私たちは、夢と思い出の示すこの難問を限界や弱さとは見ず、反対にこの難問を難問としてそのまま認めねばならない。すなわち、意識の構造自体に関する預言としてである。私たちが経験し、次いで忘れたことが、不完全なしかたで意識へと戻って来る、というのではない。むしろ私たちはそこで、一度も起こっていないことに、意識の故郷としての忘失に達する。私たちの幸福が郷愁に浸されているのはそのためである。意識にはそれ自体に無意識の予兆が含まれている。それどころか、その予兆こそがまさに意識を完成させる。このことが意味するのは、あらゆる注意は結局のところ放心へと向かうということ、思考はその絶頂においては身震いでしかないということである。夢と思い出は生を言葉のドラゴンの血のなかに浸けこみ、そのようにして生を、記憶によって傷つくことのないものとする。記憶の及ばぬものは、それ自体は一度として思い出にやって来ることのないまま、記憶から記憶へと急ぎ渡って行くものであるが、それこそまさしく忘れえぬものである。この忘れえぬ忘却が言語運用、人間の言葉である。

かくして、夢が夢自体の欠如において定式化する約束は、強力な明晰さの約束である。その強力さたるや、当の約束によって私たちが散漫へと回復されるほどである。その約束はまた、完了した言葉の約束である。その完了たるや、当の約束によって私たちがインファンティアへとあらためて引き渡されるほどである。その約束はまた、主権ある理性の約束である。その主権たるや、当の約束が自らを不可解なものとして理解するほどである。

II

権力のイデア

アリストテレスの天分によって発明された潜勢力と現勢力という二つのカテゴリーが一瞬、いまや紋切り型となっている不透明性を失って透明になるのは、もしかすると快においてだけかもしれない。快とは、その形相があらゆる瞬間において完了され、永久に現勢力にあるところのものである――と、この哲学者が息子ニコマコスに捧げた論考には書かれている。この定義から結果として導かれるのは、潜勢力は快の反対物だということである。潜勢力とはけっして現勢力にはないもののこと、つねに自らの終わりを欠いているもののことである。それは一言で言えば、苦痛である。この定義にしたがって、快がけっして時間において展開されないとするならば、それに対して潜勢力のほうは本質的に持続だということになる。この考察は、権力と潜勢力を結びつけている秘密の諸関係に光を当てることを可能にしてくれる。じつのところ、潜勢力の苦痛は、潜勢力が現勢力のなかへと移るその瞬間に消え去る。だが、潜勢力に対して、潜勢力自体のなかで手間取っているようにと強いる諸力が至るところに——私たちのなかにも——ある。権力はこの諸力にもとづいている。権力とは、潜勢力をその現勢力から隔離すること、潜勢力を組織することである。その潜勢力の苦痛を拾い集めることで、権力は自らの権威をその苦痛に基礎づける。権力は人間たちの快を、文字どおり未完了のまま放置する。

だが、このようにして失われるものは快だけではない。潜勢力と苦痛の感覚自体もまた失われる。きりのないものとなった潜勢力は夢の手中へと陥り、最も怪物的な曖昧さを潜勢力自体の上に、また快の上に保ってしまう。きりのないものとなったその潜勢力は手段と目的のあいだ、探求と執筆のあいだの正しい連結を歪め、苦痛の頂点——全能——を最大の完成と取り違える。だが、快が人間的であり無垢であるのは、ただ潜勢力の終わりとして、ただ絶対的な非の潜勢力としてのみである。苦痛が受け容れられうるものであるのは、ただ苦痛の危機の不明瞭な予兆、苦痛の決定的判定の不明瞭な予兆となる緊張としてのみである。働きにおいて人間は、快におけると同様、最終的に自らの非の潜勢力を享受する。

« J'en veux, je te dis. »

共産主義のイデア

ポルノグラフィにおいては、階級なき社会のユートピアが、階級を区別する諸特徴の戯画的誇張と、性的関係におけるそれらの変容とを通じて提示される。衣服における階級のしるしが状況によって侵犯され、ちぐはぐきわまりないしかたで台なしにされるまさにその瞬間に、当のしるしへの強情な固執がなされる。その強情さは他のどこでも見られないほどのもの、カーニヴァルの仮面行列においてさえも見られないほどのものである。女中の頭飾りと前掛けが、労働者のつなぎ服が、執事の白手袋と腕章が、最近は看護師の白衣とマスクまでもが、ある瞬間に自らの神格化の儀式を執行する。その瞬間とは、解きがたく絡みあう裸の身体の上にそれらのしるしが奇妙な護符のように置かれ、あの本当の最終日をトランペットの何とも甲高い金切り音さながらに告げると思われる瞬間である。その最終日には、それらのしるしはまだ予兆のない共同体の略号として現れるに違いない。

　このような何かに私たちが古代世界において出会うことができるのは、神々と人間たちとの恋愛関係という表象においてのみである。没落期の古典芸術にとっては霊感の汲み尽くせぬ源となっている表象である。神に負かされて幸福のうちにある不死ならぬ者は、天の神々と自分を分離していた限りなき距離を、神との性的合一において一挙に抹消していた。だが同時にその距離は、神が動物に変態するという形を取って、顚倒した形で再生産されるのだった。エウロペを運び去る雄牛の白い鼻面や、レダの顔にぶら下がった白鳥の鋭い嘴ははしたなさの暗号だが、そのはしたなさは、わずかなあいだとはいえ堪えがたいものと思われるほど内密のもの、英雄的なものである。

　私たちがポルノグラフィの真理内容を探し求めると、ポルノグラフィはただちにその能天気な、げんなりさせるような幸福の主張を私たちの眼前に置く。あらゆる瞬間、あらゆる機会に要請されうるというのがその主張の本質的特徴である。はじめの状況がどのようなものであれ、その状況は必ず性的関係において終わると決まっている。仮に、不都合にもそのようなことの起こらないポルノ映画があるとすれば、それはもしかすると傑作かもしれないがポルノ映画ではない。この意味で、ストリップはすべてのポルノ的な筋立てのモデルである。はじめはつねに、しかじかの状況で衣服を身に着けている人々がいるだけである。その人々がどのようにして最後に脱衣状態になるかというところだけが、予想外のことに任されているただ一つの余地である。(ここにおいてポルノグラフィは古典的な大文学の厳格な身振りを回収している。すなわち、不意の驚きのためには余地があってはならず、同じ神話テーマについて知覚できぬほど些細な変奏をおこなうというところに才能は存する。)それとともに、ここでポルノグラフィの第二の本質的特徴があばかれる。すなわち、ポルノグラフィによって露呈される幸福はつねに逸話的なものである。それは物語であり、ふと捉えられた機会であって、自然的条件ではない。すでに所与の何かではけっしてない。単に衣服を取り除くヌーディズムは、ずっと以前からポルノグラフィに対する最も苛酷な敵対者である。性的な出来事のないポルノ映画などに意味はない。それと同様に、人間の自然的なセクシュアリティを単に不動のまま露出させることをポルノ的と定義づけることはまずできないだろう。

およそ人間の社会性があるところであればどこであれ、いかに些末な日常的状況においても見られる幸福の潜在力を示すこと。これが、ポルノグラフィにある永遠の政治的な理である。だが、世紀末の記念碑的芸術を埋め尽くしている裸の身体の対蹠点にポルノグラフィを置くその理の真理内容は、次のとおりである。すなわち、ポルノグラフィは日常的なものを快の永遠の天空へと引き上げるのではない。ポルノグラフィはむしろ、あらゆる快のもつ救いようのない挿話性を露呈させ、あらゆる普遍的なものの内奥における余談性を露呈させる。ポルノグラフィが、ひたすら顔においてしるしづけられる女性の快の表象においてのみ自らの意図を叶えるのはそのためである。

私たちに観察されているポルノ映画の作中人物たちが、私たちの生のほうをスペクタクルとして眺める者になれたとすれば、彼らは何と言うだろうか？　私たちの夢のほうは私たちを見ることができない――これがユートピアの悲劇である。作中人物と読者が立場を入れ換えるということは――それがあらゆる読書のよい規則だが――ここでも機能すべきではあるのだろう。ただし、私たちが自分の夢を生きることを学ぶということは、夢のほうが私たちの生を読むことを学んでいるということほどには重要ではない。

「そこで次のように現れることになる。すなわち、世界はこれこれの事物の夢をずっと前から所有しているが、それを本当に所有するためにはその意識を所有するだけでよい」。確かにそうだ――だが、夢はどのようにして所有されるのか、夢はどこに保管されているのか？　当然のことながら、ここで問題になっているのは何かを実現するということではない――自分の夢を実現した人間ほど退屈なものもない。そのような実現は社会民主主義的な、味気ない善良な活力である。だが、ここで問題になっているのは、諸理想を不可触とし、ジャスミンや薔薇の花冠をかぶせて雪花石膏（アラバスター）の部屋に保管しておくということでさえない。それでは諸理想は事物となり、粉々に壊れてしまうだろう。それは、夢見る者の秘密のシニシズムである。

夢に見たものを私たちはすでに手にしたのだ、とバズレンは言っていた。ずっと前に、私たちが思い出しさえしないほど前にである。つまり、しかじかの過去にではない——その記録簿を私たちは所有していない。むしろ、人類の成就しなかった夢や欲望は復活の忍耐強い四肢であって、それはつねに最終日に目醒めようとしている。その夢や欲望は貴重な霊廟に閉ざされて眠っているのではなく、生ける星辰として天空に貼りつけられている。何とも遠く隔たっている、言語運用というその天空にある星座を、私たちはかろうじて解読できるにすぎない。これは——少なくともこれは——、私たちが夢見たことのないものである。一度として夢見られたことのない人類の星空から涙のように落ちてくる星々を捉えることができるということ、これが共産主義の任務である。

政治のイデア

神学によれば、被造物たる人間が受けるなかでも最大の刑罰、もはや本当に救いようのない刑罰は、神に激怒されるということではなく、神に忘却されるということである。じつのところ、神の激怒は依然として神の慈悲心と同じ材（マテリア）からなるものである。だが、私たちの悪が度を越してしまうと、神の激怒さえ私たちを遺棄してしまう。オリゲネスは次のように書いている。「これは怖ろしい。その極端な瞬間にあって、もはや私たちは自分の罪過のゆえに怒鳴られることはなく、罪を犯したことで叱責されることはない。私たちが罪過の度を越すと、嫉妬深い神は妬む熱意を私たちから逸らせてしまう。神は次のように言った。「私の妬む熱意はおまえを去り、もはや私はおまえのために激怒しない」」。

この遺棄、神によるこの忘失は、あらゆる処罰を超えた先にある最も洗練された復譬である。信者は、取り返しのつかぬただ一つのこととしてこれを怖れ、信者の考えはこれを前にして怯えて後ずさる。じつのところ、もはや神の全知によってさえ何も知られぬようなもの、神の精神からこれを限りと抜き去られたものを、どのようにすれば考えることができるというのか？　この遺棄を被る者についてベルナノスは、その者は「赦免されてもいなければ断罪されてもいない。いいかね、失われているのだ」と言っている。

しかしながら、このありかたが痛ましいものとして現れることをやめ、特別な歓喜を獲得する事例が一つだけある。それは、洗礼を受けていない童子たちという事例である。彼らは原罪以外の罪もなく死に、痴者たちや異教の義人たちとともに永遠に辺獄にとどまる。「原罪のみをともなって死ぬ童子たちに対する刑罰は軽微きわまりない」。神学者たちによれば、冥界のこの永遠の周縁である辺獄の刑罰は体刑ではない。そこには火炎も責め苛みもない。それはただ、見神が永久に欠如しているという、欠性の刑罰である。だが、地獄で劫罰を受ける者たちとは異なり、辺獄の住人はこの欠如から苦痛を感ずるわけではない。というのも、彼らがもっているのは自然的認識だけであって、彼らは洗礼によって私たちのうちに植えつけられた超自然的認識をもたないからである。彼らは、自分が最高善を奪われているとは知らない。あるいは（これとは別の意見によって認められているように）、彼らはそれを知っているとしても、理性ある人間が自分は飛べないと苛まれる以上には嘆き悲しむことができない。（じつのところ、仮にそのことで苦しむとするならば、彼らは自分では改められぬ罪に苦しむことになる。その苦痛は彼らを絶望へと引き入れてしまうことになる。それでは、地獄で劫罰を受ける者たちの身に起こるのと同じことになり、正当ではない。）さらに言えば、天国にいる至福の者たちの身体と同様に、彼らの身体は感苦を覚えぬものだが、それはただ神の司法のおこないに関してのみそうであるにすぎない。その他のことに対しては、彼らは自らの自然的美点を十全に享受する。

かくして、最大の刑罰——見神の欠如——は自然的な歓喜へと顚倒される。彼らは神について知らないし、この先もけっして知ることはない。彼らが神のもとから癒しがたく失われており、神による遺棄のなかにあって苦痛のないままにとどまるのはそのためである。神が彼らを忘れたのではなく、彼らのほうが神をつねにすでに忘れてしまっているのであって、彼らの忘却に対して神の忘失は無力なままである。宛先に届かぬままの手紙のように、冥界に蘇ったこの者たちは運命のないままとなった。天国に入るべく選ばれた者たちのように至福でもなければ、地獄で劫罰を受ける者たちのように絶望してもいない彼らは、いつまでも売り渡されえぬ希望を帯びている。

この辺獄的本性こそが、メルヴィルの作りあげたなかでも最も反悲劇的な人物であるバートルビーの秘密である（人間の目には、彼の運命ほどつらいものもないように見えるとしてもである）――この本性こそがあの「しないほうがいいのですが」の根絶やしにされえぬ根であって、これに対しては神の理性も、人間の理性も砕けてしまう。

正義のイデア

カルロ・ベトッキに

〈忘れられたもの〉は何を欲するのか？　記憶をでも、認識をでもなく、正義をである。しかしながら、〈忘れられたもの〉が身を委ねる当の正義は、正義であるからといって〈忘れられたもの〉を名へと、意識へと運ぶことはできない。その仮借なき命令書は、ただ忘れがちな者たち、執刑者たちに対してのみ処罰として行使される——〈忘れられたもの〉に関しては、それは何も言葉を発さない（正義は復讐ではない。正義には、あらためて復讐すべきことなど何もない）。〈忘れられたもの〉が正義の手中へと遺棄されたのは記憶や言語に引き渡されるためでなく、記憶の及ばぬもの、名のないものにとどまるためであって、正義はそのような〈忘れられたもの〉をあらわにして裏切ることなくしては、それに関して言葉を発することはできない。つまり、正義とは〈忘れられたもの〉の伝承である。じつのところ人間にとっては、記憶の伝達よりも忘却の伝達のほうが本質的である。無名の忘却は消尽しえぬもの、逃げ場なきものとして、人間の両肩に毎日、山と積み上がっていく。おのおのの人間にとって、また、さらにもっともながらあらゆる社会にとって、この堆積物は度外れたものである。最も完璧な資料庫であっても、そのほんのわずかな欠片さえ収蔵することができないほどである（歴史を正義の法廷として構築しようとするあらゆる企てが偽りのものであるのはそのためである）。

　だが、〈忘れられたもの〉は、おのおのの人間が必ず受け取るただ一つの遺産である。じつのところ人間にとっては、ひたすら人間にとっては、〈忘れられたもの〉が記号からなる言語や記憶を免れるということのうちに正義が生まれる。その正義は、黙っておいたり広めたりすべきこれこれの言説としてではなく、一つの声として生まれる。それは、自筆の遺書としてではなく、一つの告知の身振りとして、もしくは召命として生まれる。この意味では、人間の最も古来の伝承はロゴスではなくディケーである（というよりむしろ、ロゴスとディケーは原理上、互いに区別できない）。意識的な歴史的記憶としての言語運用とはただ、伝承の困難さを前にした私たちを襲う絶望でしかない。しかじかの言語を互いに伝達しているものと信じながら、人間たちは本当は互いに声を与えあっている。語りながら、人間たちは自らを正義へと容赦なく引き渡している。

平和のイデア

典礼改革によって、信徒のあいだで交わされる平和のしるしがミサにあらためて導入されたときから、人々は次のことに気づいたが、そこには居心地の悪さがなくもなかった。すなわち信徒たちは純真にも、いったい何がそのようなしるしにあたるのかを知らなかった。そのため、彼らは少しのあいだ当惑し、その後、馴染みのあるただ一つの身振りに頼り、さしたる確信もないままに握手をしたのだった。つまり、彼らの平和の身振りは、市場や田舎市の商談で同意に到達したことを裁可するあの身振りと同じものだった。

pace〔平和〕という辞項がもともとは協定や協約を指し示していたということは、他ならぬその語源核に書かれている。しかし、ラテン人たちにとって、その協定から派生する状態を指し示す辞項はpax〔平和〕ではなくotium〔無為〕である。インドーヨーロッパ諸語でこれに不確かに対応するもの（ギリシア語ausios（空虚な）、autōs（無駄に）、ゴート語auþeis（空虚な）、アイスランド語auðn（荒野））は、合目的性の不在や空虚という意味圏域へと収束している。それならば、平和の身振りとは意味するところの何もない身振り、手の不活動と空無さを示す純粋な身振りでしかありえないことになる。事実、多くの民族のあいだで、挨拶の身振りはそのようなものである。信徒たちが聖職者たちに促されてこの無味乾燥な身振りに無意識裡に頼るのはもしかすると、まさに握手が今日、単に挨拶の方法だからなのかもしれない。

だが、本当は平和のしるしなどありはしない。そのようなものはありえない。というのも、仮に真の平和があるとすれば、それはすべてのしるしが完了し鎮められたところにのみあるだろうからだ。じつのところ、人間たちのあいだでなされる闘争はすべて、承認を求めてなされる闘争であって、そのような闘争の後にやって来る平和は、ほんの束の間の相互承認のしるしや諸条件を制定する協約でしかない。そのような平和はつねに諸国民の平和、法権利の平和でしかない。言語運用において身元を承認するという虚構でしかないそのような平和は、戦争に由来し、戦争において終わることになる。

保証済みのしるしやイメージに頼ることは平和ではない。いかなるしるしにおいても、いかなるイメージにおいても私たちは承認しあえないということ、これが平和である——というか、こう言ってよければ、平和とは、平和より古いあの歓喜のことである。承認されぬままにとどまること——夜に、忍耐強く、途方に暮れたままにとどまること——としてフランチェスコの見事な譬喩が定義づけている、あの歓喜のことである。それは人類の完璧に空虚な天空であり、人間たちのただ一つの故郷としての目立たなさの露出である。

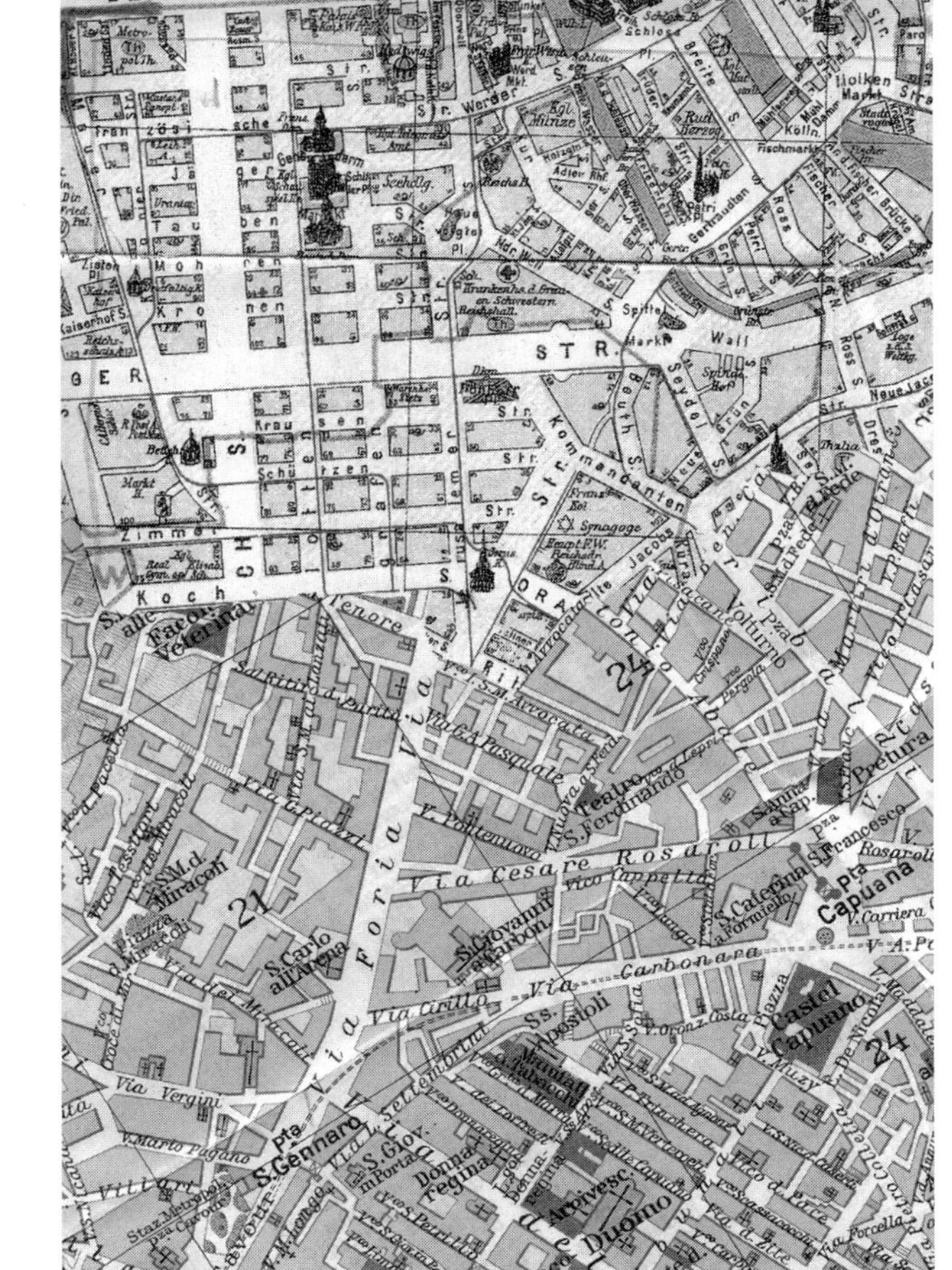
DEN LINDEN
STR.
Koch
Kommandanten
Synagoge
Via Foria
Via Cesare Rosaroli
Via Carbonara
Castel Capuano
Pta Capuana
Pta S.Gennaro
Via Vergini
Duomo
Teatro S.Ferdinando
S.Carlo all'Arena
21
24

恥のイデア

一

惨めだとか偶々だとかいう感情は、人間の不運から結局のところいっさいの偉大さを取り去ってしまうものと私たちの目には映るが、古代人たちはそのような感情を知らない。確かに、古代人たちにとって喜びはあらゆる瞬間に、身の程知らずとして最も苦い幻滅へと顚倒されることが起こりうるものではある。だが、まさにその時点で、英雄的な異議申し立てによって悲劇的なものが介入し、惨めさのいっさいの可能性を覆い隠す。命運を前にした古代人たちの難破は悲劇的なものであって、さもしくはない。彼の不幸によっても幸福によっても、卑小さがあらわにされるわけではない。なるほど喜劇において、悲劇的な罪はその滑稽な裏面を見せはする。しかしながら、神々や英雄たちから遺棄されたその世界は悲惨ではなく、まさしく優美である。「本当に人間的であるとき、人間はなんと優美さをもつことか」と、メナンドロスの作中人物は言っている。

スタヴローギンの信を麻痺させる恥へと、またカフカの法廷や城の神話的なはしたなさ、汚らわしさへと無理なく近づけることのできる感情の痕跡に、私たちが古代世界において唯一、またはじめて出会うのは喜劇においてではなく、哲学においてである（古代世界では、穢さはけっして神話的ではありえない。ヘラクレスはいささかも狼狽することなく、自分の意志で自然の諸力を屈服させてアウゲイアスの小屋を掃除する――それに対して私たちは自分の穢さに片をつけることができない。私たちの穢さには神話的な残滓が最後まで貼りついたままである）。それは驚くべきことに、若いソクラテスがエレアの哲学者にイデア論を開陳している『パルメニデス』の一節においてである。「髪の毛、汚物、汚泥その他のまったくつまらぬ、くだらぬ本性の事物」にイデアはあるのかと訊ねるパルメニデスの問いに対して、ソクラテスは、眩暈に捉えられるような感じがすると告白している。「これが普遍的に延長可能だという考えに、私はすでに一度責め苛まれました。しかし、私はこの考えに浸るやいなや、愚かさの深淵に転げ落ちて自分を見失ってしまうのではと怖れ、この考えから逃げ出すのです……」。しかし、それはただ一瞬のことである。パルメニデスは次のように返答している。「それはきみがまだ若いからだ。まだ、哲学はきみをさして捉えてはいないが、いずれ哲学がきみを捉えるだろうと私は予見している。そのときにはもはや、そのようないかなる事物にも嫌悪感を覚えなくなっているだろう」。

重要なのは、ここでは形而上学的な問題（最終的には神学的な問題）こそが、惨めさの眩暈を一瞬ではあれ思考へと開くということである。神自身——造物主が可感的世界を創造するにあたってモデルとするイデア界——が示すその不快な顔貌は今日、私たちにはかくも馴染みのものとなっているが、異教の人間はその顔貌を前にしてただちにまなざしを逸らせ、羞恥（アイドース）を覚える。古代の信心を強くしるしづけているあの羞恥（アイドース）をである。神は正当化を必要としない。『国家』において、処女神ラケシスの布告には「責めなき神(テオス・アナイティオス)」とある。

それに対して、近代人たちには弁神論が必要である。だが、その弁神論はまた最も悲惨なしかたで頓挫する。神自身が自らを告発し、いわば自らの神学的な汚泥のなかで転げまわる。まさにこのことが、私たちの居心地の悪さにそのまぎれもない性質を与えている。私たちの理性は深淵の上でぐらぐらと揺らいでいるが、その深淵は必然性の深淵ではなく、偶発性の深淵、悪の陳腐さの深淵である。偶発事に対しては人は有罪でも無罪でもありえない。そこで人ができるのは恥じることだけである。ちょうど、私たちが道を歩いていてバナナの皮ですべるときのようにである。私たちの神は恥じる神である。だが、あらゆる嫌悪感は、それを覚える者においてその嫌悪の対象との秘かな連帯をあらわにする。それと同様に、恥とは、人間が自らとのあいだにもつ未聞の近さ、怖ろしい近さの指標である。惨めだという感情は、人間が自らを前にして覚える最後の羞恥である。ちょうど偶発事が――いまや人間の実存全体がその紋章のもとに従順に配されていると思われるが――仮面になっており、人類の命運に対していや増しにのしかかってくるひたすら人間的な諸原因の重みがその仮面によって覆い隠されているというのと同様にである。

二

無縁になった神、遠く隔たってしまった神のもつ計り知れぬ強力さを前にして、有罪者たる人間が不安を抱くものと捉え、その不安の暗号だけを作品中に見て取るというのは、カフカの作品の読解としてはまったく悲惨なものである。その反対であって、ここで救済されることを必要としている者がいるとすれば、それは神自身である。カフカの小説のために私たちが想像することのできるただ一つの幸福な結末は、クラムや伯爵が救済されるというもの、埃まみれの廊下にはしたなくひしめきあい、あまりに低い天井の下で頭を下げる判事、書記官、番人からなる無名の神学的一群が救済されるというものである。

カフカの天分は、神を物置部屋に据えたというところ、ごみ置き部屋や納戸を神学的な場の最たるものにしたというところにある。だが、作中人物たちの身振りのうちに時折きらめくカフカの偉大さとは、彼がある時点で弁神論を断念しようと決め、罪や無垢、自由や運命といった旧来の問題を脇に除け、ひたすら恥に集中しようと決めたということである。

彼の前にあったのは、恥以外のあらゆる経験を取りあげられた人類——全地球規模の小ブルジョワジー——だった。恥とはつまり、自我の最も内奥の感情の、純粋にして空虚な形式のことである。そのような人類にとって仮に無垢がありえたとすればそれは、居心地の悪さを覚えずに恥じることができるという無垢だけだっただろう。古代人たちにとって、羞恥（アイドース）は人を困惑させる感情ではなかった。それどころか、古代人たちはまさに羞恥（アイドース）を前にして、ヘカベーのはだけた胸を前にしたヘクトールのように、自らの勇気と信心とをあらためて見いだすのだった。カフカが、残ったただ一つの善の用法を人間たちに教えようと努めているのはそのためである。その善とは、恥から自らを解放するということではなく、恥を解放するということである。それこそが、訴訟のあいだじゅうヨーゼフ・Kが成し遂げようとしていたことであって、彼がついに執刑者のナイフに強情にも屈するのは、自分の無垢をではなく自分の恥を救済するためである。彼の死の瞬間には次のように言われている。「恥が自分よりも先に生き延びるように思われた」。

ひたすらこの任務のため、人類に少なくとも恥を保存しておくために、カフカは古代の歓喜のような何かをあらためて見いだした。

時代のイデア

退廃概念には暗黙裡に嘘が含まれている。慇懃無礼な綿密さは、その嘘の最もパリサイ的な様相である。払底と衰退が嘆かれ、終わりの予兆が記録されるまさにその瞬間に、この慇懃無礼な綿密さが用いられ、どの世代においても新たな才能に順番が振られ、芸術や思想における新形式や時代傾向が目録化される。しばしば悪意からなされるこのさもしい集録において、現代が過去に対して正当に権利要求できるはずの唯一無比の称号がまさに失われていく。もはや歴史的時代であることを欲さぬ時代という称号がである。じつのところ、私たちの感受性の特徴に生き延びるに値するものが一つあるとすれば、それは、よりよい方法によってであれすべてが一から再開されるという見通しを前にして私たちの覚える焦燥感、ほとんど吐き気のような感覚である。伝統という何とも古い悪辣な織物の糸は一時的に緩んでいるが、新たな芸術作品を前にし、衣装や流行の新たなしるしを前にすると、伝統はその糸を締めなおす。そのとき、私たちは見とれるばあいもあるにせよ、怖気を引き止められぬ何かが自分のなかにありはする。

それに対して、まさにこの何かが、現代の意志のなかで失われていく。その意志とは、いかなる対価を払ってでも、それが時代たりえないという不可能性の時代だとしてさえ、自らが一時代たろうとする盲目の意志である。その不可能性の時代とは、まさにニヒリズムの時代のことである。ポストモダン、新ルネサンス、超形而上学的人間性といった概念は、退廃のあらゆる思考のうちに、さらにはニヒリズムのうちにも隠れている微量の進歩主義をあらわにしている。本質的なのはいずれのばあいも、すでに到着したか、これから到着するか、少なくとも到着してもおかしくない新時代を取り逃さないということであって、そのしるしは解読されるべく私たちのまわりにすでに与えられている。皆が失意のうちにあるときに、最も狡猾な者たちは、苦しみはいまのところおまえたちには読めない新たな時代の幸福のヒエログリフにすぎないのだと示して同類たちから苦しみを盗み取るが、人を莫迦にしたそのやりかたほど悲しいものもない。他方、人類の終わりという幻想を単に振りまわす者たちは、かくも順調に何はともあれ続きえたすべてのことに対する郷愁を隠さない。

それはまるで、この二者択一を超えた先に、まさに人間的かつ精神的なただ一つの可能性などありはしないというかのようである。そのただ一つの可能性とは、消滅の先に生き延びるという可能性、時代の終わり、歴史的時代の終わりを未来や過去に向かってではなく、時代や歴史の核心自体に向かって乗り越えるという可能性のことである。じつのところ、私たちが認識しているような歴史はこれまでのところ、歴史自体の絶えざる日延べに他ならなかった。歴史のうちに収められている機会を、後の歴史的‐時代的な回付においてあらわにされ裏切られるよりも前につかみ取ることができるという希望があるのは、歴史の脈動が停止する時だけである。自分に対して頑なに時間を与えることにおいて、私たちは与えられる当の時間の意味を失う。私たちが絶えず言葉を発することにおいて、言語運用の理自体が失われるのと同様にである。

私たちが新たな芸術作品、新たな思想作品を欲さず、文化や社会のまた別の時代を欲さないのはそのためである。私たちが欲するのは、伝承のなかで惑っている時代と社会をそこから救済すること、時代と社会のうちに含まれていた善を――先送りされえぬ、非時代的な善を――捉えることである。この任務を引き受けることこそ、現時点に見あうただ一つの倫理、ただ一つの政治であろう。

音楽のイデア

現代に対する概念的分析は豊富にあるが、それとは対照的に、現象学的描写は特異なまでに少ない。興味深い事実だが、一九一五年と一九三〇年のあいだに書かれたごくわずかな哲学的・文学的作品が、依然として時代の感受性の鍵をしっかり握っている。要するに、私たちの精神状態、私たちの感情を説得的に描写した最後の叙述は五十年以上前のものである。なるほど、第二次世界大戦後、フランス実存主義（次いで、五〇年代末のヨーロッパ映画）は根本的精神状態を一般公衆向けに修正しようと企てた。だが、それが——さながら一瞬のきらめきのうちに——信じられぬほど味気ない、古びたものになったというのも同様に確かである。サルトルの吐き気も、カミュの作りあげた作中人物たちの不貞腐れた無分別も、ハイデガーが『存在と時間』でおこなっている不安その他の気分（シュティムング）の特徴づけに何も付け加えはしなかったと私たちの目には映る。自分たちの途方に暮れているさまや社会的悲惨のイメージを探し求めたければ、私たちが向かうべきはやはり『存在と時間』における日常性の描写であり、あるいはロートの小説であり、あるいはベンヤミンの短い、熱を帯びた覚え書き「ドイツのインフレをめぐる旅」である。愛の現象学に関して言えば、最後にそのヒッポクラテス顔貌を定着させた『失われた時を求めて』の数ページに対して多くを付け加えることに成功した者は誰もいない。恥とはしたなさが、カフカの短篇小説に見られる叙事詩的な流麗さを私たちのためにあらためて見いだすことはなかった。

シュルレアリスムが時宜を得ていたということには疑念の余地がないが、時代の感受性の地図をあらためて描き出すことに取りかかっていたそのシュルレアリスムでさえ目論見を果たさなかった。ランボー的ながらくたとちぐはぐな連想とをともなうシュルレアリスムの雰囲気には今日、パサージュが原型であるとベンヤミンの認めたいささか軽薄な古風さと同じ味わいがある。にもかかわらずシュルレアリスムが価値を保存しているとすればそれは、時代の趣味に自らの刻印を押したからではなく、近代的な感受性のもつ本質的なユートピア性を露出させたからだろう。

感受性こそが、おのおのの歴史的時代がつねにあらためて相手取って渡りあわねばならぬスフィンクスだとすれば、現代が解かねばならない謎とは他ならぬ、第一次世界大戦下で暗くなったパリで、大インフレのドイツで、あるいは帝国崩壊のプラハではじめて定式化された謎である。このことが意味するのは、哲学でも文学でも価値ある作品がそれ以来生産されていないということではない。ただ、それ以降の作品には新たな時代感情の目録が含まれていなかった。それらの作品は過ごされた雰囲気を再検討したり、さまざまな濃淡を忍耐強く記録したりするにとどめていたわけではない。その偉大さはまさに、精神状態を決然と脇に除けておく慎ましい身振りにこそ存していた。気分（シュティムング）を集録すること、霊魂の奏でるこの沈黙の音楽を聞き取って書き写すことは、ヨーロッパにおいては一九三〇年頃に、これを限りと終わりを迎えた。

この現象に対しては、もともとは知的エリートの限界経験だったものがそのあいだに大衆の経験になってしまっていたという説明がありうる（それはあらゆる説明と同様に不充分なものではあるが）。思考の最も峻厳な頂では無が感情表現なき仮面をこちらに向けているが、気がついてみれば哲学者と詩人はいまや、全地球規模の数限りない大衆とともにその頂にいるのだった。大衆の気分（シュティムング）は、もはや記録可能な音楽ではない。それは騒音でしかない。

　さらに決定的なのは、目眩めくしかたで私的実存と個人的伝記が権威を喪失したことが確証されたということである。私たちはもはや雰囲気を信じていないし、今日、知的な人間で家の飾りつけや衣服の様式に自分のしるしを残したいと思っている者など誰もいない。それと同様に、もはや私たちは自分の霊魂を飾りつける感情に多くを期待してはいない。不安や絶望に暗黙裡に含まれていた弁証法的顚倒の能力、傷つけるものが癒す（トローサス・イアセタイ）や治癒の約束は、ハイデガーにおいては依然として極端な時代的希望を保管しているが、それが威信を失った。精神状態の浄化力を感じ取りたいと本当に思っている者は確かにそれを経験することはできる。だが、不安の弁証法的二極性を依然としてそれと同様に経験できるというわけではない。私たちはもはや、これこれの権威を権利要求することの根拠として、しかじかの経験を——このたぐいの経験であればなおのこと——援引しようと夢見ることはないだろう。

私たちの感受性、私たちの感情は、もはや私たちに何も約束してくれない。それは私たちのそばで、家のペットよろしく華やかで役立たずのものとして生き延びる。私たちはもはや精神状態をもたない。私たちはしかじかの気分（シュティムング）に調律されていないはじめての人間である。いわば、私たちは絶対的に非音楽的なはじめての人間、つまり気分（シュティムング）のない、つまり召命のないはじめての人間である。まさに、このことを認めるところに私たちの勇気は存するのだろう——だが、この勇気を前にして、現代の不完全なニヒリズムは後ずさることをやめない。気分（シュティムング）がないというのは、幾人かの哀れな者たちが私たちに信じさせようとしているような陽気な条件などではない。それどころか、それは一つの条件でさえない。条件づけるということがつねに依然として、これこれのしかたで配することと、運命づけるということであるとすればである。それは私たちの状況である。気づいてみれば、あらゆる召命、あらゆる運命から無条件に遺棄され、かつてなかったほどに露出されているという、私たちの老い朽ちた地点である。

諸個人の歴史における精神状態が、人類史における時代と同様のものだとすれば、私たちの無気力が放つ鉛色の光のなかに告げられるのは、人類史の絶対的に非時代的な状況という、一度として見られたことのない天空である。言語運用と存在とがただ時代的にあばかれるということ、つまりおのおのの歴史的な開かれにおいて、またおのおのの運命においてそのつど言われぬもののままにとどまりつつあばかれるということは、もしかすると本当に終わりに来ているのかもしれない。人間の霊魂は自らの音楽を失った——そこで失われた音楽とはつまり、起源が運命上、到達不可能だということが霊魂のなかにしるしづけられるということである。時代を欠き、運命をもたずにいる疲れきった私たちは、時間のなかに自分が非音楽的にとどまるという至福の境界に触れている。私たちの言葉は本当に始まりに到達した。

(1)

Von der alten Fischfrau

Hoch der Feuerwehr mann

Vom lustigen Hanswurst

Emma und die Osterhasen –

Vom Hans Jacob –

幸福のイデア

ジネーヴラに

あらゆる言葉には何か表現されぬままのものがある。それと同じように、あらゆる生には何か経験されぬままのものがある。性格は、この玩味されざる生を保管してそびえ立つ不明瞭な潜勢力である。性格は、一度も起こっていないことを強情に見張っている。きみの欲さぬまま、性格はきみの顔に痕跡を残す。生まれたばかりの子どもがすでに大人に似ているように見えるのはそのためである。実際には、二つの顔のあいだに同じところは何もない。一度も経験されていないことを除けば、子どもの顔と大人の顔に同じところはない。

性格の喜劇。死は、性格が執拗に隠しているものを手からもぎ取るが、そこで死が摑むのはただ仮面だけである。ここに至って、性格は消える。死者の顔には、一度も経験されていないものの痕跡はもはやなく、性格によって彫りこまれた皺は弛緩して伸びていく。かくして、死はかつがれる。死は、性格の財宝を見る目も、それを摑む手ももっていない。それ——一度も起こっていないこと——が、幸福のイデアによって拾い集められる。幸福は、人類が性格の両手から受け取る善である。

インファンティアのイデア

メキシコの淡水に生息しているアルビノのサンショウウオの一種が、動物学者たちと動物進化の研究者たちの注意をしばらく前から引いている。水族館で実例を観察する機会があった者は、この両棲類の幼児的な、ほとんど胎児のような外見に衝撃を受ける。頭部は比較的大きく、身体にめりこんでいる。皮膚は乳白色だが、鼻面にはわずかに灰色の縞模様がある。熱を帯びたような突起物が鰓のまわりにあり、青色と薔薇色で彩られている。華奢な四肢は花弁のような形の荒削りな指で飾られている。

はじめ、アホロートルは単独の種として分類された。それは一生にわたって鰓呼吸をし、もっぱら水中にとどまるという、両棲類としては典型的に幼生的な特徴を維持するという特殊性を呈していた。アホロートルが独立した一個の種だということは、その幼児的な外見にもかかわらず完璧に生殖能力を有しているという事実によってまったく疑念の余地なく証されていた。その後になってはじめて、一連の実験によって次のことが確認された。すなわち、甲状腺ホルモンを投与すると、次いでこの小さなサンショウウオは両棲類にとって正常な変態を遂げ、鰓を失い、肺呼吸を発達させ、水中生活を遺棄して、典型的なトラフサンショウウオ（*Ambystoma tigrinum*）の成体へと姿を変える。この付帯状況からは次のような推論が引き出される。すなわちアホロートルは、とある両棲類が生存闘争に敗北し、陸上生活を断念して幼生状態を際限なく延長することを強いられた退化の一事例として分類されうるというのである。だが最近、まさにこの強情な幼児ぶり（幼形進化ないし幼形成熟）が、人類の進化を新たなしかたで理解するための鍵を提供してくれた。

人間は、霊長類の成体からではなく、アホロートルのように成体化以前に生殖能力を獲得した仔から進化したとされる。このように考えると、大後頭孔の位置から耳介の形に至るまで、無毛の皮膚から手足の構造に至るまでの人間の形態的特徴の説明がつく。これらは類人猿の成体の形態的特徴にではなく、その胎児の形態的特徴に対応している。霊長類においては一過性のものである特徴が人間においては決定的なものとなり、それによって、永遠の童子という型が何らかのしかたで骨肉を備えた形で実現された。だが、この仮説によってとりわけ、言語運用へと、また、体外的な伝承の圏域全体へと新たなしかたで近づくことが可能になる。その圏域とは、あらゆる遺伝的刻印にもましてホモ・サピエンスを特徴づけている圏域、これまでのところ科学には理解する能力が構成上ないように思われる圏域である。

次のような幼児を想像しよう。アホロートルは自らの幼生的環境と幼稚な形態のなかに固定されているが、それだけにとどまらず、いわば自らのインファンティアへと遺棄され、ほとんど分化せず、大いに分化能をもち、それゆえにいかなる特定の運命、しかじかと規定されるいかなる環境をも忌避し、ひたすら自らの未熟さや不慣れさにこだわるという幼児である。動物は、生殖質に刻みこまれていない体の力能に耳を貸すことはない。そうは思われないだろうが、つまるところ、動物は不死ならぬものにはまったく注意を払わない（体とは、おのおの個体において、いかなるばあいも死を定められているもののことである）。動物はひたすら、遺伝コードのなかに固定されている、限りなく反復可能な力能に没入している。動物はひたすら〈法〉にのみ、書かれたものにのみ注意を払う。

それに対して、幼形成熟の幼児がいるとすれば、その幼児はまさに、書かれていないものに注意を払うことができるという条件下に身を置いていることだろう。書かれていないものとはつまり、コード化されていない恣意的な体（ソーマ）の力能のことである。幼児的な分化能のなかにあって、その幼児は我を忘れて蒼ざめ、自らの外に投げ出されていることだろう。だが、他の生きもののように特定の冒険、特定の環境へと投げ出されているのではなく、はじめて世界へと投げ出されていることだろう。その幼児は本当に存在を聞き取っていることだろう。その幼児の声は依然としてあらゆる遺伝的規程から自由だろう。その幼児には絶対的に、何も言うべきこと、表現すべきことがないだろう。その幼児は、自分の言語においてアダムのように諸事物を名指すことができる唯一の動物だろう。名において、人間は自らをインファンティアへと結びつける。あらゆる特定の運命、あらゆる遺伝的召命を超越する開かれへと、人間は自らをいつまでも繫ぎ留める。

しかし、存在のなかで失神している開かれというこの状態は、何らかのしかたで人間に関わるような出来事だというわけではない。それどころか、それは一つの出来事でさえない。開かれとは、体内的（ソーマ）なしかたで記録され、遺伝的記憶において獲得されうるような何かではなく、むしろ、絶対的に外的であるにとどまらねばならぬ何か、まったく人間には関わらぬ何か、まったく人間には関わらぬものとしてただ忘却へ、つまり体外的（ソーマ）な記憶へ、伝承へのみ委ねられうる何かである。人間にとっては、思い出すことはまさに何もない。自分の身に降りかかったものは何もないというか、表明されたものは何もない。無である。だがそれは無として、あらゆる現前、あらゆる記憶に先んじている。これこれの知、しかじかの伝承を伝えあうよりも前に、人間が必然的に自らの放心を、自らの無規定の非隠蔽性を伝えあわねばならないのはそのためである。その非隠蔽性においてはじめて、具体的な歴史的伝承が可能となった。このことは、次のような見かけ上は凡庸な確証によっても表現されうる。すなわち、人間はこれこれのことを伝達しあうよりも前に、何よりもまず言語運用を伝達しあわねばならない。(大人が話すことを学べないのはそのためである。言語運用にはじめて達したのは子どもたちであって、大人たちではない。ホモ・サピエンスという種は四万年も続いているにもかかわらず、まさに最も人間的な特徴——言語運用の習得——はインファンティアという条件に、外部性に、執拗に結びついたままになっている。特定の運命を信ずる者は本当に話すことはできない。)

人間の言語運用のもつこの原初的な幼児的召命を忘れぬ文化や精神性こそ、純正な文化や精神性である。それに対して、コード化された不死の諸価値を伝達すべく自然的生殖質を模倣しようとする企てはまさに、堕落した文化に属するものである。そのような諸価値にあっては、幼形成熟的な非隠蔽性は特定の伝承のなかへと閉じてしまう。じつのところ、人間の伝承を生殖質から区別するものが何かあるとすれば、それはまさに次のような事実である。すなわち、人間の伝承は救済可能なもの(種の本質的諸特徴）を救済しようと欲するのみならず、いかなるばあいも救済されえぬもの、それどころかつねにすでに失われているものをも救済しようと欲する。さらに言えば、人間の伝承が救済しようと欲するのは、特定の所有物として所有されたことは一度もないが、まさにそれゆえに忘れえぬものである。それは存在のこと、幼児的体（ソーマ）の非隠蔽性のことであって、これに適しているのはただ世界だけ、言語運用だけである。イデアと本質が救済しようと欲するのは現象、すでにあった反復不可能なことである。ロゴスに最も固有な意図は種の保存ではなく、肉の復活である。

私たちのなかのどこかで、うっかり者の幼形成熟的童子が堂々たる遊びを続けている。その童子が遊んでいるということこそが私たちに時間を与えているが、その童子の遊びによって開かれたままに維持されている当の不滅の非隠蔽性を、地上の諸民族、諸言語は保存しよう、先送りしようと——先送りするかぎりにおいてのみ保存しようと——見張っている。さまざまの国民、数多くの歴史的言語は偽の召命である。人間はその偽の召命を用いて、自らの声の堪えがたい不在に応答しようと努めている。というか、こう言ってよければ、諸国民や歴史的諸言語は、捉えられぬものを捉えられるものにしようとする企て、大人に——永遠の子どもでありながら——なろうとする企てであって、そのような企ては空虚に帰する定めとなっている。原初的な幼児的非隠蔽性が本当に、目眩めくしかたで幼児的非隠蔽性として引き受けられ、時間が終わりに到達し、アイオーンという童子が自分の遊びから自分の遊びへと目醒める日が到来してはじめて、人間たちはついに、もはや先送りされえぬ普遍的歴史や普遍的言語を構築することができ、諸伝承のなかでの惑いを停止させることができる。人類を幼児的体(ソーマ)へと立ち返らせるこの真正な呼び戻しは、思考——つまり政治——と呼ばれている。

最後の審判のイデア

エルサ・モランテに

至るところから人間の霊魂たちが法廷に辿り着くが、被告席はすでにふさがっている。陪審員席に座らされる霊魂もいれば、平土間の傍聴席に騒がしく集団で席を取る霊魂もいる。甲高い鐘の音が裁判官入廷を告げると、そのあいだに被告はこっそり丸帽とトガを身に着け、せかせかと判事席に上る。だが、公判開始が宣明されるやいなや、被告はトガを脱ぎ捨てて下の検察官席に、次いで被告側弁護人席にすべりこむ。休憩時間に、彼はつらそうな様子で戻ってきて被告席に座る。

神自身を相手取ったこの判定において神がすべての役を代わる代わる忙しく務めている一方で、人間たちは打ちひしがれ、沈黙したまま部屋を徐々に出て行く。

最後の審判は言語運用における判定ではない。言語運用における判定は言語運用における判定であるかぎり、本当に終決的なものではけっしてありえず、じつのところ絶えず日延べされるものとなる（最後の審判は歴史的時間の終わりにおいてのみ起こるという考えはそこから生じている）。最後の審判はむしろ言語運用自体を相手取った判定、言語運用において、言語運用を言語運用から取り除く判定である。

言語運用の権力は言語運用へと向けられねばならない。目は目の盲点を見ねばならない。監獄は監獄自体を収監せねばならない。かくしてはじめて囚われの者たちは外に出ることができるだろう。

どこかにあるその法廷は、座席が黴臭くなり、蠟燭は終わりかけ、部屋の隅には大きな蜘蛛の巣が張っている。いまや古びてしまったその法廷で、神自身を相手取った神の訴訟は依然として続いている。

だがそれは、『七羽の小鳩』と題された児童書を飾る一つの彩色挿絵にすぎない。

Ⅲ

思考のイデア

ジャック・デリダに

一

句読記号のなかで、引用符は少し前から独特の厚遇を享受している。単語を引用符に入れるという実践があまりに普及しているが、単なる引用記号（シグヌム・キタティオニス）を超えた先にそのように用法が拡張されているということは、厚遇の理由が表面的なものではないということを示唆している。

じつのところ、単語を引用符に入れるとは何を意味するのか？　引用符を用いることで、書く者は言語運用から距離を取る。引用符が指し示しているのは、これこれの辞項が本来の語義で捉えられていないということ、その意味は通例の意味から逸らされている（引用され、外へと呼ばれている）が、とはいえその辞項の意味の伝承から完全に切り離されているわけではないということである。旧い辞項を単に使おうとは欲しておらず、あるいはもはや単に使うことはできず、とはいえ新たな辞項を見いだすこともできず、あるいは見いだそうと欲してもいない。引用符に入れられた辞項はその辞項の歴史において宙吊りのままに保たれ、計られている――したがって、少なくとも萌芽的には考えられている。

最近、大学用の一般引用理論が作り上げられた。リスクに充ちたその実践を一哲学者の作品から引き出して操ることができるとアカデミズムは信じているが、そのいつもながらの無責任さに対しては、引用符のなかに閉じこめられた単語はただ復讐の瞬間だけを待っているということを思い出させる必要がある。これほど精妙な、これほど皮肉に充ちた復讐もない。単語を引用符に入れた者は、もはやその単語から自らを解放することができなくなる。意味へと向かう勢いある跳躍の途中で単語は空中に宙吊りにされ、彼にとって代えの利かぬものとなる――というよりむしろ、いまやそれは彼にとって絶対的に別れられぬものとなる。かくして引用符の氾濫は、言語運用に対する現代の居心地の悪さをあらわにする。それは、私たちが言葉のなかに囚われているということの壁――華奢だが壊せぬ壁――を表象している。引用符が語のまわりに締めつけている輪のなかに、語る者もまた閉じこめられたままである。

だが、引用符が、思考の法廷に出廷せよという、言語運用に向けられた召喚状だとすれば、このように起こされた訴訟は、際限なく宙ぶらりの未決のままであることはできない。じつのところ、完了した思考行為はすべて、完了した思考行為であるためには――つまり、思考の外にある何ものかを参照できるためには――、まるごと言語運用のなかに解消されねばならない。引用符のなかでのみ語ることができる人類がいるとすれば、それは、考えすぎて思考を完了させる能力を失ってしまった不幸な人類だろう。

言語運用を相手取って起こされた訴訟が、引用符の抹消によってのみ終結を見ることができるのはそのためである。最終判定が死刑だとしてもである。そのとき引用符は、被告たる辞項の首のまわりに巻きつき、辞項を窒息させる。辞項があらゆる意味を空虚にされて最後の息を吐くと、小さな執刑者は穏やかになって怯え、自らの由来であるコンマへと戻る。イシドロスの定義によって、意味において呼吸のリズムをしるしづけるものとされているあのコンマへとである。

二

声が消え落ちたところ、息が足りなくなったところの上方には小さな記号がある。まさにその記号だけを頼りに、思考はためらいつつ冒険する。

名のイデア

言われえぬものについて熟考する者にとって参考になる指摘に次のようなものがある。すなわち、何かについて語ることができないとして、それでも言語運用はその何かを完璧に名指すことはできる。それゆえ、古代哲学は名（オノマ）の平面を言説（ロゴス）の平面から注意深く区別していた。古代哲学はこの区別の発見を非常に重要なものと見なしていた。この発見の功績をプラトンに帰したほどである。本当は、発見はそれよりも早かった。単純にして第一の実体についてはロゴスはなく名のみがあると最初に断言したのはアンティステネスである。この構想によれば、言われえぬものとは、言語運用においていていかなるしかたでも証示されぬものなのではなくて、言語運用においてただ名指されうるだけのものである。それに対して、言われうるものとは、ばあいによっては適切な名が欠けているとしても、これこれの定義的言説において語ることのできるものである。つまり、言われうるものと言われえぬもののあいだの区別は言語運用の内部を通っている。その区別は、細い尾根があちら側とこちら側に二つの斜面を下ろすように言語運用を二分している。

神秘主義という名をもつあの古来の知恵は、名の平面を命題の平面に重ねることの不可能性を見張っているが、この知恵は言語運用のこの断裂の上に基礎づけられている。確かに、名は命題のなかに入りこむが、命題が言うものは名が呼んだものではない。辞書は、また倦むことを知らぬ学の労働は、おのおのの名のそばに定義を添えることはできる。しかしながら、そのようにして言われるものは、名をあらかじめ仮定してのみ言われている。それどころか、言語運用はすべて、それ自体一度も発語されえたことのないただ一つの名にもとづいている。その名とは神の名のことである。それはあらゆる命題に含まれており、おのおのの命題において必然的に、言われぬままとなっている。

哲学の身振りはそれとは異なる。哲学は、二平面をあまりに性急に適合させることに対する警戒心を神秘主義と分けもっている。だが哲学は、名によって呼ばれたものに対して自分なりのやりかたで正義を返すことなどできないと絶望することはない。それゆえ思考は、名の境界で止まることもないし、名を超えた先に他の秘密の名を認めることもない。思考は名においてイデアを追求する。それは、ユダヤのゴーレム伝説においてそうであるように、形に乏しいものが生へと呼ばれるにあたって用いられた名は真理という名だからである。怖ろしい下僕（ファムルス）の額からその名の最初の文字が抹消されたとき、思考は、いまや「死」という単語の書かれているその顔をじっと見つめ続ける。その「死」という単語も抹消されてしまうまでである。黙した、読めない額はいまや、そのただ一つの教訓、ただ一つのテクストである。

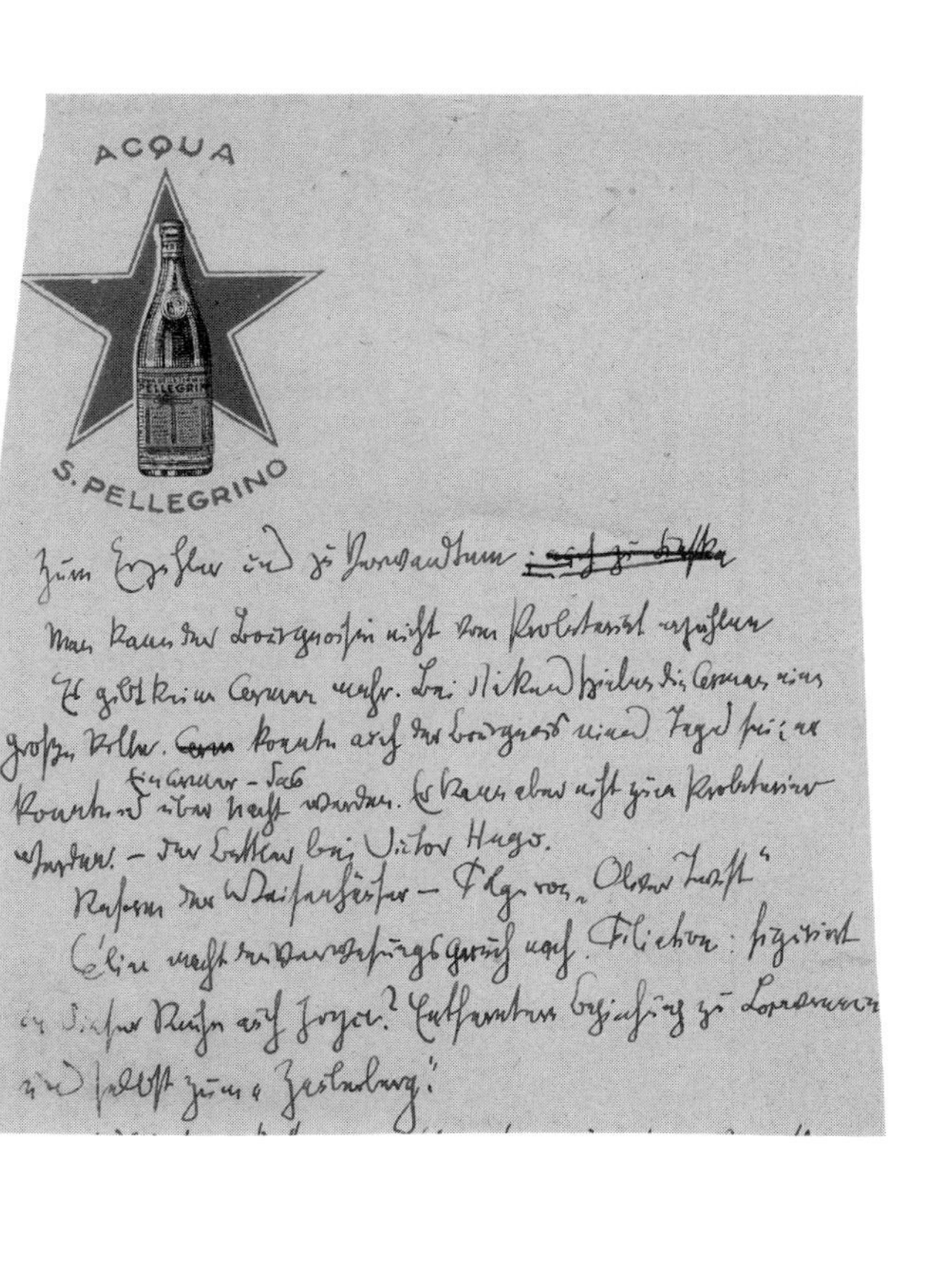

ACQUA
S. PELLEGRINO

Zum Erzähler und zu [illegible] ~~nicht zu Kafka~~

Man kann der Bourgeoisie nicht vom Proletariat erzählen

Es gibt keine Carriere mehr. Bei Dickens spielt die Carriere eine große Rolle. ~~Carr~~ konnte auch der bourgeois eines Tages frei in Rentner [Carriere-Sack] aber nicht werden. Er kann aber nicht zum Proletarier werden. — der Bettler bei Victor Hugo.

Reform der Waisenhäuser — Folge von „Oliver Twist“

Céline macht den Verwesungsgeruch nach. Flichten: fixiert in dieser Reihe auch Joyce? Entsprechende Beziehung zu [illegible] und selbst zum „Zauberberg“.

謎のイデア

一

謎に最も固有な特徴は、謎によって引き起こされる神秘の期待がそのつど、必ず落胆に終わるということである。というのも、謎解きとはまさに、あったのは謎の見かけだけだったということを示すところに存するからである。今日、この期待の空しさは私たちにとっては自明だが、この空しい期待がもともとは謎のパトスとなっているということは、とりわけ、古代の詩聖や智者の死に関する逸話群によって証されている。自分に対して提示された判じものを解くことができずに、彼らは文字どおり恐怖で命を落としたというのである。だが、謎の真の教えは謎解きを超えた先でのみ、謎解きが避けがたくたずさえていると思われる落胆を超えた先でのみ始まる。じつのところ、当の謎が存在しえず、その見かけだけが存在しうるという確証ほど絶望的に思われるものもない。このことが意味するのはじつのところ、何かが謎であるということはただ言語運用とその両義性にのみ関わっており、言語運用において了解されるもののほうには関わっていないということである。言語運用において了解されるもののほうは、それ自体が絶対的に神秘を欠いているのみならず、それを表現すべき言語運用とはまったく関わりのないもの、限りなく遠く隔たっているものである。

謎は存在しないということ、明白なものである存在、絶対的に言われえぬものである存在を捕まえることは謎にさえできないということ、これこそがいまや真の謎であり、この謎を前にして人間の理性は石と化して停止する。

（これが、謎という問題のヴィトゲンシュタインによる措定である。）

二

私たちはつねに、ただ一つの事物だけを怖れる。真理をである。あるいは、より明確に言えば、私たちは真理について自分の描く表象を怖れる。じつのところ、恐怖とは単に、私たちが意識の多少はともあれ自分の思い描く真理を前にして勇気を欠くということではない。それよりもさらに以前に、次のような事実自体にすでに暗黙裡に含まれている恐怖がある。すなわち、私たちは真理のイメージを思い描いてしまっており、ともかくも真理の名を手にし、真理の予感を覚えてしまっている。あらゆる表象に含まれているこの太古の恐怖こそが、謎においてその表現と解毒剤を見いだす。

このことは、真理が表象不可能なものであり、私たちがつねに、その表象不可能なものたる真理を自分の思い描く表象によって急いであらためて覆い隠してしまう、ということを意味するわけではない。むしろ真理は、私たちがこれこれの表象の真や偽をそれと認めた直後の瞬間にはじめて開始される（表象においては、それは「やはりそうだったのか！」ないし「それならば私は間違えていたわけだ！」という形だけを取りうる）。それゆえ、重要なのは表象が真理の一瞬前に停止するということである。それゆえ、表象を真理から分離する隔たりをも表象する表象だけが真である。

三

次のような言い伝えがある。いまや年老いたプラトンがある日、〈善〉をめぐって話すつもりだと告げ、門弟たちをアカデメイアに呼び集めた。この〈善〉という辞項で、プラトンは自分の教説の最も内奥の、不明瞭な中核を暗示するのが常だったが、それを明示的に扱ったことはそれまで一度もなかった。そのため、談話室（エクセドラ）に集まった者たち（そのなかにはスペウシッポス、クセノクラテス、アリストテレス、オプースのピリッポスがいた）のあいだには当然の期待があり、幾分の苛立ちさえあった。だが、哲学者が話しはじめ、その言説がもっぱら数学的な問い、数、線、平面、星辰の運動に関わるものだと判明し、最後に彼が〈善〉とは〈一〉であると主張すると、門弟たちはまず仰天し、次いで互いに目を交わして首をひねりはじめた。数人に至っては、沈黙したまま部屋を出て行ったほどである。最後まで残ったアリストテレスやスペウシッポスといった者たちも困惑し、何を考えるべきかわからなかった。

それまでは、諸問題をテーマ的に扱うことに対して門弟たちを警戒させ、自分の書くものではすすんで虚構や物語に場を設けていたプラトンだが、かくして、彼自身が門弟たちにとって一つの神話、一つの謎となった。

四

ある哲学者が多くの省察をおこなった後、次のように確信した。引き起こされるかもしれない真理の幻想に対して読者にそのつど免疫を与える書きものだけが、書きものとして正当なただ一つの形式である。その哲学者は次のように繰り返すのが常だった。「イエスや老子が推理小説を書いたとわかれば、それは私たちには不作法なことと思われよう。かくして、哲学者は諸問題についてテーゼを主張することも意見を表明することもできない」。それゆえ彼は、寓話や説話や喩話といった単純な伝承形式にこだわろうと決めた。死に行くソクラテスさえ軽蔑しなかった形式、あまり真面目に取らないようにと読者に優しく戒告しているように見える形式にである。

だが、また別の哲学者は、そのような選択は本当は矛盾していると指摘した。それでは作者に対して、他ならぬ自分の表現から距離を取るよう強いるほどの、手の施しようのないほど真面目な意図が仮定されるからだというのである。古来の説話の教育的意図が受け容れられうるものとなるのはただ、それが何世紀にもわたって限りなく繰り返されて形を変え、真の作者についてはもはや何も知られていないからに他ならない。あるいはこうも言える、と反駁者は続けた。あらゆる欺瞞の可能性を逃れるただ一つの意図は、いかなる意図も絶対的に不在だということである。まさにこの意図のなさを、詩人たちはムーサのイメージによって表現していた。ムーサが彼らに言葉を口述し、彼らはムーサに声を貸すにとどめていた。だが、これは哲学にはできないことだった。じつのところ、誰かから霊感を吹きこまれる哲学があったとして、そんなものに何の意味があるというのか？　何か、哲学のムーサのようなものを見いだすというのでもなければである。テーバイ人たちにスフィンクスと呼ばれていた何とも古いムーサが口にする歌のように、ちょうど自らの真理を示す瞬間に粉々に崩れ落ちる表現を見いだすことができるというのでもなければ。

五

あらゆるしるしが成就し、人間を言語運用へと断罪する刑罰が償われ、ありうべきすべての問いが充足され、言われうるすべてが発語されたと仮定しよう。そのとき、この地上における人間たちの生はどのようなものとなるのか？「それでも、私たちの生に関わる問題の数々は触れられてさえいないだろう」ときみは言う。だが、そのとき、依然として私たちが泣いたり笑ったりしたいという欲を覚えると仮定するならば、私たちはそこで何のために泣いたり笑ったりするのか？　その嘆きとは、その笑いとは何なのか？　嘆きや笑いというのが、私たちが言語運用のなかに囚われているかぎり、言語運用の諸限界を、不充分さを経験するということに他ならなかったのだとすれば？　悲しいにせよ至福であるにせよ、悲劇にせよ喜劇にせよ、そのような諸限界や不充分さの経験以外ではありえなかったのだとすれば？　言語運用が完璧に完了し、完璧に画定されたところでは、人類のまた別の笑い、また別の嘆きが始まるのだろう。

沈黙のイデア

古代末期の説話集に次のような寓話が読める。

「アテナイ人たちのあいだでは、哲学者と見なされたい者はしかるべく鞭打たれねばならず、忍耐強く鞭打に堪えたならば哲学者と見なされうるという習わしだった。ある者が鞭打を受けたことがあった。沈黙のまま乱打に堪えた後、彼は「これで私は哲学者と呼ばれるに値する！」と大声をあげた。だが彼は、「黙ってさえいれば、おまえは哲学者だったのに」という、もっともな応答を受けた」。

この説話が教えてくれるのは、哲学は確かに沈黙の経験と関わってはいるということ、だがまた、この経験を引き受けたからといって、そのことによって哲学の哲学たる身元はいかなるしかたでも構成されはしないということである。哲学は、絶対的に身元のないまま沈黙のうちに露出されており、名がないということのうちに自らの名を見いだすこともなく、名がないということに堪えている。沈黙は哲学の秘密の言葉ではない——むしろ、哲学の言葉は自らの沈黙を完璧に黙らせておく。

言語運用のイデア　一

一

もしかすると、美しい顔立ちは本当に沈黙があるただ一つの場かもしれない。性格は、言われなかった言葉や未完了の意図で顔をしるしづける。動物の顔貌はつねに言葉を発語しようとしているように見える。その一方で、人間の美は顔立ちを沈黙へと開く。だが沈黙とは——ここで起こる沈黙とは——単に言説の宙吊りのことではない。言葉自体が沈黙するということ、言葉が見えるものになるということである。これが言語運用のイデアである。顔立ちの沈黙においてこそ人間が本当にわが家にあるのはそのためである。

二

黙した諸事物と私たちとを接触させるのは言葉だけである。自然や動物たちはつねにすでに一つの言語のなかに捉えられており、黙っていながらも絶えず語り、しるしに応答している。それに対して、人間だけが、言葉において自然の無限の言語を中断すること、黙した諸事物の前に一瞬身を置くことに成功する。玩味されざる薔薇、薔薇のイデアは、人間にとってのみ存在する。

言語運用のイデア　二

インゲボルク・バッハマンの思い出に

前司令官の発明した拷問装置というのが本当は言語運用のことだということが理解されると、カフカの喩話「流刑地にて」は特異なしかたで照らし出される。だが、それとともに、この喩話は相当に複雑なものとなる。じつのところ、この喩話においては当の機械は何よりもまず司法と処罰の道具である。このことが意味するのは、言語運用もまた地上において、人間たちにとってそのような道具だということである。それならば、流刑地の秘密とは、現代小説の作中人物が次のような言葉であらわにしている秘密に他ならないということになる。「あなたに怖ろしい秘密を打ち明けましょう。言語運用は刑罰です。そのなかにすべての事物が入らねばならず、そのなかでおのおの罪に応じて命を落とさねばならない」。

だが、問題となっているのが罪を贖うということだとして（このことに将校は絶対的な確信をもっている。「罪にはつねに疑念の余地がない」）、刑罰の意味は何に存するのか？　ここでもまた、将校の説明は疑念を残さない。すなわち、刑罰の意味は六時間め頃に起こることに存するというのである。じつのところ、自分の侵犯した命令が馬鍬によって肉に書き写されはじめる瞬間から六時間が経つと、受刑者はその文言を解読しはじめる。「しかし六時間めの後、当人はなんと沈黙することか！　最も愚鈍な者にも理性が開かれてくる。それは目のまわりから始まり、そこから拡がっていく。自分もいっしょに馬鍬の下に横たわりたいという誘惑を誰もが覚えるような光景です。その先は何も起こらない。書かれたものを当人が解読しはじめ、まるで聞き取っているかのように口をとがらせるだけです。ご覧になったように、書かれたものを目で解読するのは容易ではありません。当人はそれを自分の傷によって解読します。とはいえ、それは大変な仕事で、完了には六時間がかかる。しかし、それから馬鍬は彼をずたずたに突き刺し、穴に投げ捨てる。彼は血まみれの水と綿の上にボチャッと落ちる」。

つまり、最後の時間に、沈黙のうちに受刑者が理解に辿り着くのは言語運用の意味である。人間たちは――と言ってよいだろう――、語る存在であるという自らの実存において問われている意味を了解することなく、当の実存を生きている。だが最も愚鈍な者にも理性が開かれざるをえない六時間めが誰にでもやって来る。そこで理解されるのはもちろん、目で読むこともできるような論理的意味ではない。より深い意味、傷によってのみ解読されうる意味、ひたすら刑罰としてのみ言語運用に関わる意味である。（論理がもっぱら判定を領野とするのはそのためである。本当は、論理的判定とはただちに刑罰の判定、つまり判決文である。）この意味を了解すること、自分の罪を計り知ることは困難な仕事であり、この仕事が終わりに至ってはじめて、正義がなされたと言うことができる。

だが、このように解釈することでこの喩話の意味が汲み尽くされるわけではない。それどころか、この喩話の意味は、まさに将校が旅行者を説得できないと理解して受刑者を解放し、代わりに自分が機械のなかに入るとき、はじめてあばかれはじめる。ここで決定的なのは、将校の肉に刻みこまれるべき文言である。それは、受刑者に対する文言（「上官を敬え」）のような明確な戒律の形を取っておらず、「正しくあれ」という単純な命令になっている。だが、その命令を書き写そうとするまさにそのとき、機械はばらばらになるのみならず、任務も果たさなくなる。「馬鍬は何も書かず、ただ突き刺していた［……］。それは拷問ではなかった［……］。それはまさしく殺害だった」。かくして最後に、約束された救済のいかなるしるしも将校の顔貌には見て取ることができなかった。「他のすべての者が機械に見いだしたものを、将校は見いださなかった」。

　ここに至ると、喩話の解釈は二つありうる。第一の解釈によれば、将校は「正しくあれ」という指示を判事の職務において実際に侵害したため、その刑罰を受けねばならなかった。だが彼とともに、不正の必然的共犯者たる機械もまた破壊されねばならない。また、将校は刑罰のうちに、他の者たちが見いだしたと信じたあの救済を見いだすことができないが、そのことは、刻まれる文言を彼があらかじめ知っていたという付帯状況によって容易に説明がつく。

だが、これとは別の読解も同じくありうる。それによれば、「正しくあれ」という指示は、将校によって侵犯された規程を参照しているわけではない。むしろそれは、機械をばらばらにすべく定められている指令である。旅行者に次のように告げている以上、将校はそのことを完璧に意識している。「「それでは時間です」と彼は最後に言い、不意に旅行者に目を向けたが、その澄んだ目には、協力してほしいという何らかの勧誘、呼びかけが含まれていた」。疑念の余地はない。将校がその指令を機械に入れたのは、当の機械を破壊しようという意図からのことである。

それならば、喩話は次のように言っているように思われる——言語運用の最終的な意味は「正しくあれ」という命令である。しかしながら、この命令の意味はまさに、言語運用という機械が絶対に私たちに理解させられないものである。というよりむしろ、刑罰を与えるという任務を果たすことをやめてはじめて、ばらばらになり処罰機械から殺害機械に姿を変えてはじめて、言語運用という機械はこの命令の意味を私たちに理解させることができる。このようにして、正義は正義に勝利し、言語運用は言語運用に勝利する。他の者たちが機械に見いだしたものを将校が見いださなかったということは、これで完璧に理解可能になる。ここに至って、彼にはもはや、言語運用のうちに理解すべきものは何もなかった。彼の表情が、生きていたときのままだったのはそのためである。そのまなざしは澄み、確信に充ちており、額は大きな鉄針で刺し貫かれていた。

光のイデア

私は暗い部屋で光をともす。確かに、照らし出された部屋はもはや暗い部屋ではない。私は暗い部屋をこれを限りと失った。だが、それはまさしく同じ部屋ではないのか？　暗い部屋はまさに、照らし出された部屋のただ一つの内容ではないのか？　もはや私がもてぬもの、限りなく背後に逃れるとともに私を前方に勢いよく放り出すもの、それはただ、光に対してあらかじめ仮定された闇という、言語運用の一表象にすぎない。だが、私がこのあらかじめ仮定されているものを捉えようとする企てを遺棄すれば、私が自分の注意を光自体に向ければ、私が光自体を受け取れば——それならば、光が私に与えてくれるものは同じ部屋、つまり非仮説的な闇である。啓示のただ一つの内容とは閉じた即自であり、あばかれざるものである——光とは、闇が闇自体に対して起こるということに他ならない。

見かけのイデア

アリストテレスの後世の註解者であるキリキアのシンプリキオスは、閉鎖のほんの数年前にアテナイの学校の教授を務め、次いでホスロー一世の宮廷で最後の異教哲学者たちとともに亡命者として過ごした人物であるが、その彼こそが、中世天文学に（そしてそれを通じて近代科学に）プラトン科学のモットーとしての「現象を救済する（タ・パイノメナ・ソーゼイン）」という表現を伝達した人物である。プラトン自身からではないにせよ、この表現は確かにアカデメイア周辺に由来するものである。これがはじめ、スペウシッポスの後を継ぐアカデメイア学頭の候補者であるポントスのヘラクレイデスに帰されたのも、もしかすると偶然ではないのかもしれない。言い伝えでは、このヘラクレイデスは自分の死の見かけを（死骸の代わりに蛇を置いて）偽ろうと努めたというが、同じ伝記作家によれば、彼はソポクレスの贋作が偽であることを認識できなかったとして折句（アクロスティック）で茶化されたともいう。

シンプリキオスはアリストテレス『天体論』の註解で、プラトンが当時の天文学に割り当てていた任務を次のように開陳している。「プラトンは原理上、天体は一様な、恒常的に規則的な円運動をすると認めている。かくして彼は、数学者たちに対して次のような問いを立てる。惑星に対して見かけを救済することができるには、仮説とするにふさわしい、完璧に規則的な円運動とはどのようなものか？」

よく知られていることだが、この要請に応えるために――つまり、不規則な運動を呈するがゆえに「惑う（プラネーテース）」と言われる星辰の運動の、限りなく複雑な見かけを救済するために――ギリシアの天文学はエウドクソス以来、おのおの星辰に対して、それぞれに固有な一様な運動によって駆動される一連の同心球を仮定することを強いられた。他の星辰の同心球と組み合わせて構成されることで、最終的には惑星の見かけ上の運動が結果として得られた。ここで決定的なのは、仮説に割り振られるべき立場である。プラトンにとって、仮説は真の原理と同じ基準でではなく、まさに仮説として考察されるべきものだった。仮説の意味は現象の救済によって汲み尽くされた。プロクロスが、仮説を非仮説的な原理と取り違えている者たちと論争し、次のように書いているとおりである。「それらの仮説が構想されるのは星辰の運動のありようを発見するためである――これらの星辰は本当に、まさに見かけのように（ホースペル・カイ・パイノンタイ）動いている。つまり、それらの仮説が構想されるのは、それらの運動の基準を理解可能なものにするためである」。それゆえ、ニュートンが「私は仮説を立てない（ヒポテセス・ノン・フィンゴ）」を近代科学の境界に刻みこみ、現象の現実的原因を経験から演繹するという任務を科学に割り当てるに至って、「見かけを救済する」という表現は意味をゆっくりと変移させはじめた。この表現は科学の領域から追放され、軽蔑的な意味を引き受けさせられた。話し言葉においてこの表現が今日も依然としてもっている軽蔑的な意味をである。

プラトンの意図において、現象を救済する（タ・パイノメナ・ソーゼイン）とはどのような意味でありえたのか？ 見かけは、何を見こんで救済されたのか？　何から救済されたのか？ 惑う見かけは仮説のおかげで理解可能になり、後の科学的説明の欲求のすべて、「なぜ？」のすべてから自由なまま保存される。「なぜ？」の渇きは仮説において癒された。仮説は「なぜ？」に理を与える。つまり、見かけの惑いを惑いの見かけとして示す。このことが意味するのは、仮説が真であるとか、認識の向かうべき現実的基礎づけとして仮説が見かけに対して仮定されうるとかいうことではない。美しい見かけは仮説によって後に説明可能なものとなるわけではなく、かくして、また別の理解のために貯めこまれ、節約され、「救済され」る。いまや見かけはその別の理解によって、当の見かけ自体の輝きのまま、非仮説的に捉えられる。つまり、ここで到達されたものは依然として可感的なものではあるが（見ること（idein）を指し示すイデアという辞項はここに由来する）、それは言語運用や認識に対してあらかじめ仮定される可感的なものではない。言語運用や認識において絶対的に露出されている可感的なものである。もはや仮説にではなく見かけ自体に置きなおされた見かけ、認識可能性からもはや分離されぬ、中間にある事物、それがイデアである。もの自体である。

栄光のイデア

「pare〔見える〕」――この動詞の文法はなんと奇妙なことだろう！　これはvideturを、つまり「……と思える、私に対して見せかけないし見た目として現れ、したがって欺くものたりうる」を意味する一方で、lucetを、つまり「輝く、明らかに表明される」をも意味する。一方では、見えるものになるということ自体において隠されたままとなる隠蔽性が意味され、他方では、陰を欠いた純粋な、絶対的な可視性が意味されている。（『新生』はまるごと全体がいわば見かけの現象学として構成されているが、そこではときどき、この二つの意味が意図的に対置されている。「部屋に火色の雲を見たように私には見えた。そのなかに、見る者に怖ろしく映る高貴な人の姿を私は見分けた。その人は、非常な歓喜をもって私に見え〔……〕」。グイニツェッリもこれと同様の皮肉をこめて二つの意味を区別しているが、それはまるで両者の混同をより露呈させるためであるかのようである。「彼女はディアーナの星よりも輝いて見え〔……〕」。）

この二つの意味は本当は互いに不可分なものであって、どちらの意味で用いられているのか決めるのが容易ではないこともままある。それはまるで、あらゆる輝きには見せかけが含意されているというかのよう、あらゆる「見える」には「私にはそう見える」が含意されているというかのようである。

人間の顔立ちのなかで目が私たちに衝撃を与えるのは、それが感情表現を映す透明さをもっているからではない。ちょうどその反対であって、感情表現に対して頑なに抵抗するから、濁っているからである。他の人の目を本当にじっと見つめると、当の相手について私たちに見えるものはほとんどなく、それどころか、相手の目は私たちの小さくなったイメージを返してくるほどである。瞳（ひとみ）という名はここに由来している。

この意味で、まなざしは本当に「人間の残滓」である。だが、人間のこの残り滓だけが、顔のもつこの底知れぬ不透明さ、悲惨さだけが、人間の霊性をしるしづけるただ一つの純正な目印である（その残り滓のなかで、愛する者はかくもしばしば自分を見失う。政治家は、権力の道具にすべくその残り滓を注意深く評価するすべを心得ている）。

ラテン語vultus〔顔〕――イタリア語volto〔顔〕の由来――にちょうど対応するものは、インド‐ヨーロッパ諸語ではゴート語wulþusにのみ見あたる。だが、この語を私たちに伝達しているウルフィラの聖書では、wulþusは「顔」を意味する表現としては用いられていない（すでにキケロが、ギリシア語にはこの単語と等価なものがないと指摘していた。彼は次のように書いている。「動物にはなく、人間だけに存在しうる顔と呼ばれるものは、心のありかたを指し示す。ギリシア人たちはこの意味を知らず、これを指す名をまったくもっていない」）。wulþusは、神の栄光を意味するギリシア語doxaを翻訳するものである。旧約聖書で「栄光（Kabod）」が指し示しているのは、神性が人間たちに対して自らを表明すること、というよりむしろ、神の本質的諸属性の一つとしての表明なるものである（語源的に言って、doxaは見かけ、見た目を意味する)。「ヨハネによる福音書」において、キリストを信ずる者はしるし(「奇蹟(セーメイア)」)を必要としないが、それはキリストを信ずる者にはただちにキリストの栄光が、「顔」が見えるからである。その顔は、最後の「しるし」たる十字架の上でまるごと露出され、十字架においてすべてのしるしが消尽される。

私は誰かの目にまなざしを向ける。目は伏せられる(これは羞恥、まなざしの背後にある空虚の羞恥である)。あるいはまた、目は私にまなざしを返してくる。目が私にまなざしを向けてくるのは、無遠慮ゆえのことかもしれない。そのばあい、自らの空虚を露呈させている目の背後には、まるでその空虚を認識しているまた別の底知れぬ目があり、当の空虚はその底知れぬ目によって不可入な隠れ場として用いられているというかのようである。あるいはまた、目が私にまなざしを向けてくるのは、留保なき純潔な破廉恥さゆえのことかもしれない。そのばあい、目は私たちのまなざしの空虚のなかに愛と言葉が起こるに任せる。

ポルノ写真において、写っている人物たちがときどきレンズのほうにまなざしを向け、かくして自分がまなざしへと露出されているのを意識しているということを露呈させるということがあるが、これは計算された戦略素である。そのようなイメージの消費には、当のイメージにまなざしを向ける者が自分のほうは見られることなく俳優たちを不意打ちで見ているという虚構が暗黙裡に含まれているが、この予期せぬ付帯状況によってこの虚構が暴力的にあばきたてられる。俳優たちは覗き屋（ヴォワイユール）のまなざしに意識的に挑みかかり、自分の目をじっと見つめるよう強制する。

この驚きが持続する短い瞬間に、その哀れなイメージとそれにまなざしを向ける者のあいだに、何か真正な愛の問い訊ねのようなものが走る。無遠慮が透明さと境を接し、彼らの現れが一瞬のあいだ、ただ輝きとなる。（しかしながら、それはただ一瞬のことである。ここでは、意図によって完璧な透明さが妨げられるというのは明瞭なことである。彼らは自分がまなざしを向けられているとわかっており、わかっているということに対して対価を支払われている。）

網膜に映ったイメージがまさに視覚像となる神経が束ねられる点において、目は必然的に盲目である。目は、この不可視な中心のまわりに視覚像を組織する——このことが意味するのはまた、あらゆる視覚像はこの盲目性をきみに見せないために組織されているということでもある。それはまるで、あらゆる非隠蔽性には消滅させられぬ隠蔽性が含まれ、その中心にはめこまれているというかのよう、あらゆる光輝には内奥の暗闇が囚われているというかのようである。

動物には、この盲点はいつまでも隠されたままである。動物は自分の視覚と無媒介に隣接しており、自らの盲目性をあらわにしたり経験したりすることはけっしてできない。かくして動物の意識は、意識が目を醒ます点自体において消え去る。それは純粋な声である。（動物が見かけを認識しないのはそのためである。イメージとしてのイメージに関心をもち、見かけとしての見かけを認識するのは人間だけである。）

意識をもつ主体として人間が自らを構成するのは、この盲点に全力でしがみつくことによってである。それはまるで、人間が自らの盲目性を見ようと絶望的に努めるというかのようである。かくして人間にとっては、あらゆる視覚において刺激と応答のあいだに遅れが、非隣接性が、記憶が忍びこむ。ここではじめて、見かけは事物から分離され、見た目は輝きから分離される。だが、この暗闇の一しずく――この遅れ――は、これこれの事物が存在するということに関わっている。その暗闇の一しずくこそが存在である。事物はただ私たちにとってのみ存在する。つまり、私たちの必要から解かれ、また事物との無媒介な関係から解かれている。事物は単に、驚異的に、到達不可能なしかたで存在する。

だが、盲目性を見る視覚とは何を意味しうるのか？　私は自分の暗がりを捉えたい、私のなかにあって表現されぬまま、言われぬままになっているものを捉えたいと思う。だが、それはまさに私自身の非隠蔽性である。それは、私が顔にして不滅の見かけに他ならないということである。自分の目の盲点を本当に見ることができたとして、私に見えるものは何もないだろう（これが、神が住まうと神秘思想家たちの言う暗闇である）。

おのおのの顔が一つの感情表現へと縮まり、一つの性格へとこわばり、そのようにして自身に入りこみ、深みにはまっていくのはそのためである。性格とは、表現すべきものなど何もないということに顔が気づき、自らの盲目性を探し求めて絶望的に引き下がるときに見せる渋面のことである。だが、ここで捉えるべきはただ非隠蔽性だけ、純粋な可視性だけ、顔立ちだけである。顔は顔貌を超越するような何かではない——顔とは、顔貌が自らの裸性のなかに露出されているということ、性格に対する勝利のことである。それはつまり、言葉である。

言語運用が私たちに与えられたのは、事物を当の事物のイメージから開放するため、見かけにそれ自体の見かけをもたらすため、見かけを栄光へと導くためではないか？

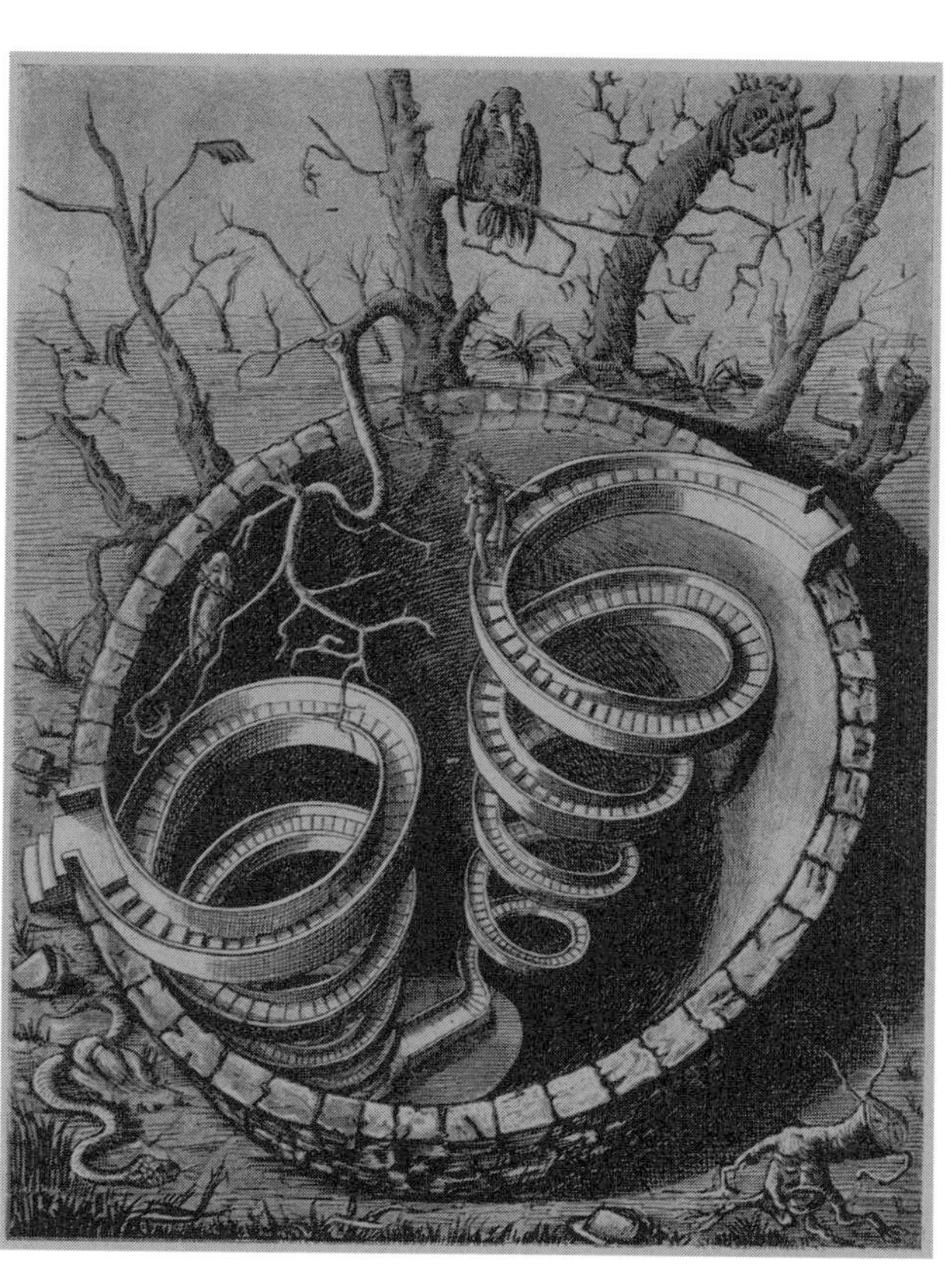

死のイデア

しかじかの伝説でサマエルと呼ばれている死の天使がいる。モーセも闘わねばならなかったという言い伝えがあるこの死の天使とは、言語運用のことである。それは私たちに死を告げる——それ以外の何を言語運用がするというのか？　だが、まさにこの告知によって、私たちは死ぬのがかくも困難になる。記憶の及ばぬほど前から、人類史の続く始まりから、人類はこの天使が告げるにとどめている秘密をこの天使からもぎ取ろうと闘っている。だが、そのあどけない手から奪い取れるのはその告知だけである。それにこの天使は、その告知をともかくも私たちに運んできた。このことについて天使に罪はない。言語運用の無垢を理解する者だけが告知の真の意味をも了解するし、ばあいによっては死ぬことをも学ぶことができる。

覚醒のイデア

イタロ・カルヴィーノに

一

ナーガールジュナはアーンドラ王国を縦横に旅していた。立ち止まるところではどこでも、空無の教説を学び取ろうと欲する者たちに教えを説いた。ときどき、弟子たちや物見高い者たちのなかに敵対者が混ざっていることもあった。そのようなとき、ナーガールジュナは気の進まぬながらも彼らの異議申し立てを論駁し、彼らの議論を崩さねばならなかった。香りに充ちた寺院中庭で、また市場の喧騒のなかでおこなったそれらの討議の後には、しかじかの苦味が残った。だが、自分を責め苛むのは、おまえはニヒリストだ、おまえは四つの真理を破壊していると告発する正統派の僧侶たちからの難詰ではなかった。（自分の教えは――よく理解されたならば――四つの真理の意味に他ならない。）また、犀に似ておのれだけのために悟りを深める隠者たちから投げかけられる皮肉さえ、煩わしいものではない。（自分自身、そのような犀であったし、いまも依然としてそうではないか？）自分を苛んでいるのはむしろ、あの論理学者たちの議論だった。彼らは自分の敵対者だとも自己紹介せず、それどころか同じ教説を口にしているのだと宣明していた。彼らの教えと自分の教えの違いはきわめて精妙なもので、ときどき自分でもその違いを捉えられぬことがあるほどだ。だが、これほどかけ離れたものも想像できない。というのも、それは確かに自分のものと同じ空無の教説ではあるが、その教説は表象のうちに引き止められたものだからだ。あらゆる事物の空無を示すために、彼らは条件づけられた生産と理性原理とを用いているが、彼らはそれらの原理もまたそれらの空無を示すという点にまでは辿り着いていない。要するに彼らは、あらゆる基体の空虚を示す諸原理という基体は維持している！　このようにして彼らが教えているのは覚醒なき認識であり、発明なき真理である。

最近、この不完全な教説が弟子たちのあいだにも入りこんでいる。ナーガールジュナは驢馬に乗ってヴィダルバの方向へと旅をするあいだ、この思考を咀嚼していた。細い小道は、また別の薔薇色の山と境なき草原とのあいだに続いていた。草原はいくつかの小さな湖で途切れており、その湖のおのおのには雲が映っていた。最愛の弟子チャンドラキールティもこの誤謬に陥った。だが、どのようにすれば、一つの表象のなかで手間取ることなしにこの誤謬を論駁できるだろう？　灰色の乗りものに膝でしっかりつかまり、小道の石や苔のあいだにまなざしを彷徨わせながら、ナーガールジュナは『中論』の草案を心のなかに描きはじめた。

「真理を教説として、真理の表象として口にする者たち。彼らは空虚を一つの事物として扱い、表象の空無の表象を思い描く。だが、表象の空無の認識のほうは表象ではない。それは単に表象の終わりである……。おまえは、空虚を苦痛からの逃げ場として用いたいと欲している。だが、どうすれば空無がおまえの逃げ場になりうるというのか？　もし空虚がそれ自体空虚なままでないのならば、もしおまえがそれに存在を、あるいは非存在を割り当てるのならば、それこそが、それだけがニヒリズムである。まさに無であるはずのものを獲物として、空無からの逃げ場として捉えてしまうというニヒリズムである。それに対して賢者は、苦痛のなかにいながら、そこにおいていかなる逃げ場もいかなる理も見いださない。賢者は苦痛の空無のなかにいる。それゆえチャンドラキールティよ、おまえに次のように書こう。空無もまた一つの臆見だとする者、表象不可能なものでさえ一つの表象だとする者、言われえぬものは名のない一つの事物だとする者――そのような者を〈勝者たち〉は不治の者と言うだろうが、それはもっともである。その者は、「おまえにやる商品は何もない」と言う売り手に対して「少なくとも、何もないと呼ばれるその商品をくれ」と応答する、あまりに強欲な買い手のようなものである……。絶対的なものが見えている者に見えているのは、相対的なものの空無に他ならない。だが、まさにこれこそが最も困難な証明である。もし、ここに至っておまえが空無の本性を了解せず、その表象を思い描き続けるならば、おまえは文法家たち、ニヒリストたちという異端へと陥る。おまえは、自分で捉えることのできなかった蛇に嚙まれた魔術師のようなものだ。それに対して、おまえが表象の空無に忍耐強くとどまれば、おまえがそのいかなる表象も思い描かねば、至福の者よ、それこそが中道と呼ばれる道だ。空無な相対的なものはもはや、絶対的なものに対する相対的なものではない。空虚なイメージはもはや何のイメージでもない。言葉は、空しいということによって完璧に充ちている。この表象の平和が覚醒である。目を醒ます者にわかっているのは夢を見たということだけ、思い描かれた表象の空無だけ、睡眠者がいたということだけである。いま思い出す夢は何も表象せず、もはや何も夢見ない」。

二

「私はペルージャから戻り、深夜にここに来る。それは泥にまみれた寒い冬のことで、その寒さたるや、冷たい氷の振り子が修道服の端にできて脚をつねに叩き、その傷から血が噴き出すほどである。泥と寒さと氷にまみれた私が扉のところに来て、扉を長いあいだ叩いて呼ぶと、その後に修道士が来て「誰だ?」と訊ねる。私は「フランチェスコ修道士です」と応える。すると彼は「行ってしまえ。ほっつき回るのにふさわしい時間ではない。おまえは入れない」と言う。なおも固執すると、彼は新たに応える。「行ってしまえ。おまえは単純で愚鈍な者だ。とにかく、私たちのところには来るな。私たちはこれこれで、おまえなど必要としていない」。私は新たに扉の前に立ち、「神の愛にかけて、今夜、私を迎え入れてください」と言う。それに対して彼は「そうはしない。十字架の付いた施療院に行って頼め」と応える。おまえに言うが、私が忍耐強く、揺らぐことがなければ、ここにこそ真の歓喜と真の徳、霊魂の救いがある」。

（フランチェスコは、承認されないということに逃げ場を見いだしはしない。身元の不在はいかなるばあいも、新たな身元を構成することはできない。むしろ、彼は「私は、フ、ラ、ン、チ、ェ、ス、コです、開けてください」と頑なに繰り返す。ここでは、表象はまた別の、上位の表象によって超越されるのではなく、当の表象の露呈によって、その徹底によってのみ超越されている。意味のない名――純粋な主観――は境界として歓喜の組成に含まれている。）

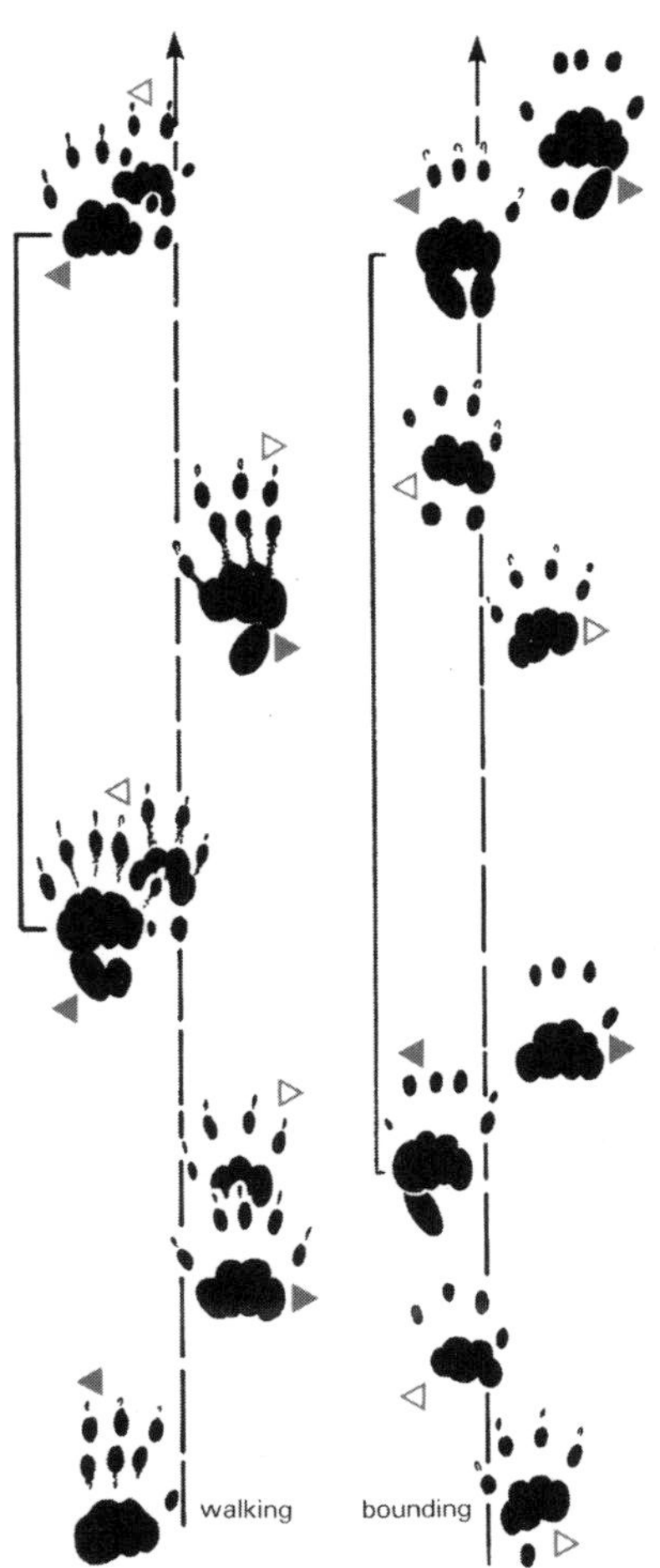
walking
bounding

境界

解釈者たちから弁護されるカフカ

説明不可能なものについては、ありとあらゆる喩話が出まわっている。最も才気ある喩話――〈神殿〉のいまの番人たちが旧い伝承の数々を引っかきまわして見つけたもの――の説明によれば、それは説明不可能なものである以上、説明不可能なままである。いまなされているあらゆる説明においてもそうであるし、この先、この世でなされるあらゆる説明においてもそうである。それどころか、まさにそれらの説明こそがその説明不可能性の最良の保証となる。説明不可能なもののただ一つの内容は――この教説の精妙さはここにある――「説明せよ！」という命令――本当に説明不可能な命令――のうちに存する。この命令を免れることはできない。というのも、これは説明すべき何もあらかじめ仮定しておらず、その命令自体が、あらかじめ仮定されているただ一つのものだからである。その命令に何と応答するにせよ、あるいは応答しないにせよ、それは——つまり、きみの沈黙もまた——ともかくも意味をもち、ともかくも一つの説明と見なされることになる。

じつのところ、私たちの気高い父祖たち——家長たち——は、説明すべきものは何も見いださず、その神秘をどのように表現できるかと心中を探したが、説明不可能なものについては説明自体より適した表現は何も見いださなかった。説明すべきものが何もないということを説明するただ一つのやりかたは——と彼らは議論を立てた——、それについての説明をおこなうというものである。沈黙も含め、それ以外のあらゆる態度は、説明不可能なものをあまりに不器用な手で捉えるものである。説明だけが、説明不可能なものを手つかずのまま放置する。

とはいえ、この教説を最初に定式化した家長たちのあいだでは、それはある追加条項と不可分に結びついていた。その追加条項を、〈神殿〉のいまの番人たちはそのまま放置してしまった。説明は永遠に続きはせず、家長たちに「栄光の日」と呼ばれている日になれば、それは説明不可能なものをめぐる彼らの踊りを終わらせることになる、と追加条項は断っていたのである。

じつのところ説明は、説明不可能なものの伝承における一つの契機でしかない。その契機はまさに、説明不可能なものを説明不可能なまま放置することで保管する。説明は内容を欠いており、そのことによって自らの任務を汲み尽くす。だが、説明が自らの空無を示し、説明不可能なものの行くに任せるそのとき、説明不可能なものもまたぐらぐらと揺らぐ。本当は、説明だけが説明不可能なものなのであって、説明を説明するためにこそ喩話が発明されたのである。説明すべきでないものは、もはや何も説明しないもののなかに完璧に含まれている。

『散文のイデア』を読むために

翻訳者あとがきに代えて

高桑和巳

本書『散文のイデア』は以下の全訳である。Giorgio Agamben, *Idea della prosa* (Macerata: Quodlibet, 2002 [2020[3]]). 一九八五年にフェルトリネッリ社から刊行されたのが最初だが、その後、二〇〇二年に版元がクォドリベット社に変わってほとんどの図版が差し換えられ（元々は、現在も残っている扉絵と「権力のイデア」に添えられた図版の他、「材(マテリア)のイデア」の差し換えられた図版と、「思考のイデア」の抹消された図版の計四点のみがあった）、テクストも増補されている。それをふまえ（なお、テクストの増補は一九八八年刊のフランス語版からなされている）[1]、初版ではなく、クォドリベット社から刊行しなおされている右記の改訂版を底本としている。なお、クォドリベットでは二〇〇二年版の後、二〇一三年、二〇二〇年と改版が確認できるが、誤植訂正などを除き、基本的に内容上の変更はない。[2]

ジョルジョ・アガンベンの著作はすでに日本語でもよく読まれるようになっている。単行本化されている著作も、近年のものを除いてほとんどが日本語訳されている。だが、看過できない大きな例外があった。それが本書である。

それほど長い著作でもないのに翻訳されてこなかったのは、翻訳者泣かせだからだろう。他の著作にもましてヨーロッパ諸言語に依存した表現や内容が少なくないため、もともとは流麗な文章であるにもかかわらずこなれた日本語になりにくい。典拠を明示しない引用や参照がちりばめられ、ほのめかしがそこかしこでなされることも足を引っ張る。また、論証というよりは散文詩にも近い独特のス

1 以下を参照。Giorgio Agamben, *Idée de la prose*, trans. Gérard Macé (Paris: Christian Bourgois, 1988). 今回の訳出にあたってはこのフランス語訳を必要に応じて参照した他、以下（一九八五年版に準拠する英語訳）も参考にしたことがある。Agamben, *Idea of Prose*, trans. Michael Sullivan *et al.* (Albany: State University of New York Press, 1995). なお、細かな書誌情報がなくとも標定が可能な文献に関しては以下、本文中に著作名を（ばあいによっては章・節番号のたぐいとともに）指示するにとどめる。

2 二〇二〇年の版から「栄光のイデア」に図版が追加されたのが唯一の大きな違いである（二〇〇二年、二〇一三年の版にこの図版が欠けているのはおそらく不注意による）。なお、テクストと図版がともに現在と同じ形に揃ったのは、知るかぎりでは以下（ドイツ語新版）が最初である。Agamben, *Idee der Prosa*, trans. Dagmar Leupold *et al.* (Frankfurt am Main: Suhrkamp, 2003).

タイルである。ヴァルター・ベンヤミンのしかじかの散文と比べることもできるだろう（「散文のイデア」という表現自体、ベンヤミン「歴史概念について」関連断片に由来する）[3]。本文をそのまま提示するにとどめてもよいが、それだけでは最悪のばあい小綺麗な暗号文になりかねない。だが、わかりにくい箇所にそのつど註を立てて説明すると、本文がタルムードの中央に縮こまるミシュナよろしく押しつぶされてしまう。

本訳書では、試みとして、各論考を読むにあたって役立つかもしれない補足を以下にまとめ、本文はあくまでもそれ自体で独立して読まれうるものとして提示する（原書に註はないし、文献指示のたぐいもない）。原則として本文のみお読みいただき、不明なことがあるばあいは以下の補足の羅列を適宜ご参照いただけると幸いである。

「……のイデア」と題される短い論考を連ねるという、なかば文学、なかば哲学という趣きの著作であり（「イデア」はもちろんプラトンの言う意味で解すればよいが、アガンベンの捉えかたについてはたとえば「見かけのイデア」末尾を参照）、雑多な内容を無作為に並べているように見えるかもしれない。実際、触れられている事柄は多様である。だが、（冒頭と末尾を除いて）大きく三部――それぞれ十一のテクストによって構成される――に分けられた諸論考の向かう先は、それぞれの部においてもいくつかの論点へと収斂しているし、著作全体でも同様である。本書ではそれらの論点が、一九八〇年代前半までに芽を出し一九九〇年代以降に実となるものたちの色とりどりの花々として姿を現していると言ってもいい。

以下の補足によって、花々の鮮やかさがわずかなりと際立つことを祈る。不明点の数々が解消されたとしても、本書という魅惑的な謎は失われるどころか、かえって照り映えることだろう。

★

3 以下を参照。Walter Benjamin, *Gesammelte Schriften*, 1-3, ed. Rolf Tiedemann *et al.* (Frankfurt am Main: Suhrkamp, 1974), pp. 1234–1235, 1238–1239. なお、本書にはベンヤミンの参照が散見されるが（本書執筆時期はアガンベンがイタリア語版ベンヤミン全集の編纂にたずさわっていた時期とおおむね完全に重なる）、細かな暗示的参照に関しては以下、わずかに指摘するにとどめる。

添えてある「作品のイデア」という銘ないし註記はアガンベンが付したものである。

作者は確かに「ドイツの無名画家」だが、オリジナルの版画の左下に記されているモノグラムから、十六世紀前半の「モノグラミストＨＬ」ないし「マイスターＨＬ」と呼ばれている版画家だとわかる。[4]

この版画は、警句「ゆっくり急げ（フェスティナ・レンテ）」（festina lente）を意味するとされるエンブレムの一種で、アガンベンはこの複製を身近に置いていた。[5] 本書初版刊行後のインタヴューでも、扉絵にこの図版を使ったのは「ゆっくり急げ」がお気に入りのモットーだからだということを述べている。[6] 本書では、「研究のイデア」が「ゆっくり急げ」を論じている。

（この図版を含め、本書には十二の図版――原書の裏表紙では「十二の弁証法的イメージ」と呼ばれている――が見られる。なお、「弁証法的イメージ」という表現自体はベンヤミンから借りられたものだが、[7] ここでは寓意的図版、答えの不明瞭な判じもの、（ばあいによってはモットーの判然としない）エンブレムというほどの意味に取れば充分である。）

献辞・エピグラフ

本書は、初版刊行の二年前（一九八三年）に没しているスペイン出身の詩人ホセ・ベルガミンの思い出に捧げられている。若い頃のアガンベンは、難を逃れてローマに滞在中のベルガミンと密に交流した。

掲げられているのは（原書ではスペイン語のみ記されている）、一九七八年刊行の詩集を締めくく

4 フランス国立図書館の収蔵は確認できていないが、ルーヴル美術館（coll. Edmund de Rothschild, 7240 LR/Recto）、アメリカのナショナル・ギャラリー・オヴ・アート（1966.9.1）などに収蔵が確認できる他、大英博物館にもおおむね同じ図柄（ただし左右反転）の版画が見られる（1851,1213.118）。

5 以下、典拠を示さない伝記的事実は、原則として『書斎の自画像』で確認できる。なお、本書と他の著作との関係はわずかな例外を除いてあえて示さないが、先行する著作ではとくに『インファンティアと歴史』と『言語運用と死』、後続する著作ではとくに『到来する共同体』、『バートルビー』、『イタリア的カテゴリー』が、本書に見られるのと同一のテーマを扱っている。また、『思考の潜勢力』と『哲学とは何か？』に含まれる諸論考にも同一のテーマを扱ったものが多くある。

6 以下を参照。Adriano Sofri, "Un'idea di Giorgio Agamben," *Reporter* (Roma: Società editoriale finanziaria, November 9–10, 1985), p. 33.

7 以下を参照。Benjamin, *Passagenwerk*, in *Gesammelte Schriften*, 5-1, ed. Tiedemann (Frankfurt am Main: Suhrkamp, 1982), p. 578 [N 3, 1].

る無題の詩（八詩行からなる）の後半四行である。[8]

境界（無題）

本書の始まりと終わりに置かれたテクストはいずれも「境界（Soglia）」と題されている。本の最初や最後、あるいはまた本を構成する各部の末尾に「境界」と題する論考を付すというアガンベンの慣行は、おそらく本書から始まっている。

この論考では、「アテナイの哲学学校」（プラトンの創立したアカデメイア）の閉鎖や——そこで教えられていたという「異教哲学」も、（非キリスト教の）古代ギリシア哲学という意味である——、最後の学頭となったダマスキオスの亡命と『第一諸原理についての難問と解決』執筆という史実をもとに、歴史小説ふうの叙述がなされている。なお、この叙述スタイルは本書末尾付近の「覚醒のイデア」でも採用されている。

プラトンの書簡云々とあるのは、「第二書簡」（313 a）に読める議論の参照である。

ダマスキオス『難問と解決』の「冒頭」とあるのは実際に冒頭である（1, 1）。以下、引用は比較的自由である。ダマスキオスの弱音も実際に存在する（3, 33 ; 2, 6 ; 3, 141）。認識不可能性についての一節（1, 18）、「盤面（halōn）」についての一節（1, 10–11）も確認できる。なお、本文に記されているとおり、halōnには麦打ち場の他、太陽や月の盤状に見える面という語義がある（なお、アガンベンが充てている訳語は、通常「暈」の意味で用いられるイタリア語aloneである）。「シュリアノスの門弟」とあるのはプロクロスである（シュリアノス、プロクロス、マリノス、ダマスキオスと続く師弟関係がある）。辞項henに関する記述は、この辞項をもともとのギリシア語の字母で書くとενとなるが、そのεが実際には気息をともなって読まれるため、有気記号（とアクセント）を付して記せばἕνとなるということをふまえている。プロクロスによる「いかさますれすれの精妙さ」とここで呼ばれている譬喩はアシネのテオドロスから借用されたもので、プロクロス『プラトン『ティマイオス』註解』（3, 2［274, 18–23］）や『プラトン『パルメニデス』註解』（7［52, 9–17］）に読める。最終段落に登場する「哲学者」の「霊魂論」云々は、アリストテレス『霊魂論』（430 a）の参照である。

8 原文は以下のとおり。Y es tanto su desvelo que, al velarlo / de sueño sin sentido, / siente que por debajo de ese sueño / nunca despertará del sueño mismo. 以下を参照。José Bergamín, *Poesía, IV: Velado desvelo* (Madrid: Turner, 1983), p. 197.

材（マテリア）のイデア

アリストテレスのhylē/eidos（および、そのラテン語訳materia/forma）という概念対は、通常は「質料／形相」と訳される（より日常的な用語を充てれば「物質／形式」）。だが、本書ではmateriaを、この辞項に託されている以下の意味の拡がりを写すために「材（マテリア）」と訳している。

挙げられている「ブルターニュの話材（マテリア）（materia di Bretagna）」（文字どおりには「ブルターニュの材（マテリア）」）は「ブルターニュもの」、つまりアーサー王説話に代表される中世説話群を指す。「主材（マテリア）に入る（entrare in materia）」（同じく「材（マテリア）に入る」）は議論の本題に入ることを、「題材（マテリア）索引（indice per materia）」（同じく「材（マテリア）の指標」）は事項索引を意味する。

この「材」が、古代人には「森」と呼ばれていた「木質の実体」だと書かれているが、この議論ではまさしくギリシア語hylēが参照されている。この単語はもともと森、樹木、木材を指したが（日本語の「木」は木材と樹木をともに指すが、それが換喩によって森をも意味すると想像すればよい。ちなみに「材」は木偏である。英語のwoodも参照）、それがアリストテレスによって哲学の議論に流用された。このhylēをそのままラテン語化すればsilva（森、樹木、木材）となり——なお、イタリア語のselvaも通常の意味は森だが（たとえば、selvaにいる者はselvaggio、つまり野生人である）、詩語では樹木、木材をも指す――、実際それがhylēの訳語となった（後にmateriaがそれに取って代わった）。セビーリャのイシドルス『語源』（13, 3, 1）を参照。なお、「森（selva）」は「〈単一のもの〉のイデア」にも用例がある。

臨死体験をした者の話で締めくくられているが、念頭にあるのはおそらくミシェル・ド・モンテーニュ『エセー』（2, 6）とジャン＝ジャック・ルソー『孤独な散歩者の夢想』の第二の散歩である。図版はトンマーゾ・ランドルフィ（挿絵サビーノ・プロフェーティ）『不幸な王子』から取られている（王女が森のなかで小人に出会うところ）[9]。

なお、元々この論考にはギリシアの壺絵の図版が付されていたが（アウロスを吹く者の前に三人の人間がおり、最初の者が跳んでいる。また、それらの人物像のあいだにギリシア語の文言が牛耕式（後述）で記されている）[10]、第二版からは姿を消した。

9　以下を参照。Tommaso Landolfi, *Il principe infelice*, illust. Sabino Profeti (Firenze: Vallecchi, 1943), p. 41.

10　ギリシアの古代コリントス考古学博物館所蔵のアリュバロス（C 1954-1）を写した図版。

散文のイデア

「句跨り（enjambement）」というのは、韻律上の切れ目（詩行末）を超えて次行に詩文がはみ出すことである（訳文では初出時のみルビを振り、後はルビを外したが、「句跨り」とあるものは原文ではすべてフランス語でenjambementとなっている）。句跨りの可能性によって詩を定義づけるというのは、アガンベンが言語学者ジャン゠クロード・ミルネールから借りた発想である。[11] なお、このテクスト「散文のイデア」はフランス語版でのみミルネールに捧げられている。

句跨り以外の要素がなくなったような極端な例として引かれているのはジョルジョ・カプローニの晩年の詩の一部である。[12] 実際の行換えが問題となっているので原文も指示している。なお、アガンベンはカプローニをたびたび引くが、彼とはかなりの交流があった。

「畝回し（versura）」というのはラテン語で、たとえば畑に畝を立てるとき、次の畝に移るために端で「向きを変える（versare）」ことを指すが、ここでの畝はもちろん詩行の譬喩である。ラテン語versusは畝を、そこから転じて詩行を指すが、これがイタリア語verso——詩行を意味するが、詩一般をも指す——の語源である。「句切れのイデア」に登場する「詩（vers）」もそれに対応するプロヴァンス語（古オクシタン）である（フランス語versも同様）。また、後出する「可転性（versatilità）」という表現は多才さ、汎用性などを通常は意味するが、ここでは行末で畝回しされうることという特定の意味あいで用いられている。

「牛耕的（bustrofedico）」という形容詞も登場するが、これも文字どおりには「牛の回しの」という意味で、畝を立てるときに牛が左から右、次いで右から左と向きを変える（畝回しをする）ことを指す。通常は、読む方向が次行で反転する書記法を指すが、ここではより広い意味で用いられている。

「散文韻律性（prosimetricità）」はアガンベンの造語。狭義では「散文韻律（prosimetrum）」的であることを意味するが――「散文韻律」とは散文と韻律が交互に出てくる文学形式で、ボエティウス『哲学の慰め』や、アガンベンの触れているダンテ・アリギエーリ『新生』が典型とされる――、ここではより広い意味で用いられている。ゾロアスター教の聖典『アヴェスター』の中核をなす「ガーサー」や、ラテン文学の一ジャンルである雑多詩サトゥラ（「盛り合わせ」というほどの意味）は必ずしも

11　以下を参照。Jean-Claude Milner, "Réflexions sur le fonctionnement du vers français," in *Ordres et raisons de langue* (Paris: Seuil, 1982), pp. 283–301.

12　以下を参照。Giorgio Caproni, "La porta," in *Tutte le poesie* (Milano: Garzanti, 1983 [2016]), p. 631.

狭義の散文韻律の形を取らないが（サトゥラには該当例もある）、しばしば散文と韻文の混淆が見られるという意味で「散文韻律性」があるとされている。

それが「後ろ（詩）と前（散文）」の両方に向かうとされているのは、「詩（verso）」が（先述のとおり）「向きを変える（versare）」ことで後ろを向き、「まっすぐの演説（prosa oratio）」に由来する「散文（prosa）」が前を向いていると解せることをふまえている。

また、「意味と音のあいだのこの崇高なためらい」という言い換えは、ポール・ヴァレリーによる「詩――音と意味のあいだで引き延ばされたこのためらい」[13]という定義の試みを参照している。

フランツ・シューベルトの五重奏（op. 163）の第二楽章（アダージョ）は、冒頭から二分ほど経過したところで第一ヴァイオリンがピッツィカート（爪弾き）を始め、次いで、そのピッツィカートの合い間に自分で旋律も奏でようとするが、通常どおり弓で弾かれる旋律の試みは、あいだに挟まるピッツィカートによってそのつど中断され、ぎこちなく飛び飛びになってしまう。

「マラルメの白」云々というのは、ステファヌ・マラルメの自由詩『賽の一振りは偶然をけっして廃棄しないだろう』が念頭にある（詩句が、統語上の関わりを維持しながらも白いページ上にばらまかれてレイアウトされている）。マラルメ自身、序文として読めるテクストで「事実、「空白」は重要さを引き受け[14]」云々と書いている。

プラトンの採用した形式が詩と散文の中間だったというアリストテレスの証言は、ディオゲネス・ラエルティオス『ギリシア哲学者列伝』（3, 1, 37）に読める。

句切れのイデア

「句切れ（cesura）」とは「中間休止」と訳されることもあるもので、詩行の途中に文の切れ目が挟まることを指す。

サンドロ・ペンナも、たびたびアガンベンに引かれる詩人である。実際に交流もあった（後述するエルサ・モランテのサークルで出会っている）。引かれている詩は無題で、この二行で完結している。[15]

13 Paul Valéry, “Littérature,” in *Œuvres*, 2, ed. Jean Hytier (Paris: Gallimard [Pléiade], 1960), p. 637.
14 Stéphane Mallarmé, “Observation relative au poème *Un Coup de Dés jamais n'abolira le hasard*,” in *Œuvres complètes*, 1, ed. Bertrand Marchal (Paris: Gallimard [Pléiade], 1998), p. 391.
15 以下を参照。Sandro Penna, “Io vado verso il fiume...,” in *Poesie, prose e diari*, ed. Roberto Deidier (Milano: Mondadori, 2017), p. 485.

実際の詩行を見ることが必要なので、ここも原文を指示している。「私の考えることしばし（quando io penso un poco）」（つまり、「私が少し考えているとき」という意味）で切れてから——ここに句切れが入るというのがアガンベンの読みである——、馬が「しばし止まる（un poco si ferma）」とある。詩人の思考につれて詩の歩調が実際に止まるというところが要点である。

「ヨハネの黙示録」云々とある箇所で「ロゴス」とあるのは、もちろん文字どおり言語運用をも指すが、神のロゴス、すなわちイエスのことである。オリゲネスによる釈義（馬を声と同一視する）は『「ヨハネによる福音書」註解』（1, 278–279 ; 2, 47–48）に読める。

アキテーヌのギヨーム（ギヨーム・ド・ポワティエ、ギヨーム九世とも）は最初のトルーバドゥールと言われる詩人である。引用されている「馬に乗って眠りこんで（en durmen sus un chivau）」は、「私はまったくの無について詩を作ろう……」と始まるロマンス詩の第五—六行に見られる。馬上でまどろんでいるときに当の詩を作ったと述べている箇所である。

ジョヴァンニ・パスコリ、ペンナ、アントニオ・デルフィーニというイタリアの三詩人における自転車のイメージは順に、たとえば「自転車」、「美女が急いで通るなら……」、「一九一八年六月十日」で確認できる。[16]

アガンベンはペンナの二行詩を「二重詩行の最たるものであるアレクサンドラン」と呼んでいるが、通例アレクサンドランは一詩行が十二音節で構成され、句切れによって六音節ずつの半句が二つになる（だから「二重詩行」である）。ただ、ここでは音節数は十二よりはるかに多い。また、「叙事詩的句切れ」とは通常、前半の半句の最後の音節が欠ける（ないし、数えられない）ことを指すようだが、ここでそれが何に対応するのかは判然としない。

フリードリヒ・ヘルダーリンの引用は「オイディプス註解」からなされている（引用にあたって、原文にあった文言の強調や改行は反映されていない）。[17]

「考える（pensare）」ことを「宙吊りのままに保つ（tenere in sospeso）」ことと同一視している部分があるが、これはpensareがpesare（吊って重さを計る）と語源を同じくすることをふまえている。

16 以下を参照。Giovanni Pascoli, "La bicicletta," in *Canti di Castelvecchio* (Milano: BUR Rizzoli, 2018), pp. 210–212 ; Penna, "Se passa una bellezza...," in *Poesie, prose e diari*, p. 301 ; Antonio Delfini, "Il 10 giugno 1918," in *Il ricordo della Basca* (Garzanti: Milano, 1992), pp. 201–231.

17 以下を参照。Friedrich Hölderlin, "Anmerkungen zum Oedipus," in *Sämtliche Werke*, 16, ed. D. E. Sattler *et al.* (Frankfurt am Main: Suhrkamp, 1988), p. 310.

アウグスティヌス『三位一体論』(9,12,18)を参照。

ライムンドゥス・ルルス(ラモン・リュイ)の引用は『騎士道の書』(1,4)からなされている。

図版は、スイスの施設で療養中のヴァーツラフ・ニジンスキーをセルジュ・リファールが訪ね、正気を取り戻させようとしたときに撮られた写真のうちの一枚である。ジャン・マンゾンが撮影し、『ライフ』誌に掲載された。[18] このときニジンスキーは奇蹟的に正気を取り戻してこの跳躍(アントルシャ)を披露したが、その後ふたたび非理性に戻ったという。この写真は彼が一瞬の正気のアントルシャに宙吊りになって静止しているイメージと読める。

召命のイデア

「召命(vocazione)」は、ここでは、ムーサ(詩の女神)からの「霊感(ispirazione)」(詩想の吹きこみ)による、「声(voce)」への詩人の召し出しと考えればよい(「音楽のイデア」も参照)。

「忘れる」ことを指す中世の新語として言及されているdementicareは――現代イタリア語のdimenticareも同じだが――「精神(mente)」に接頭辞de-(離れる、脱するといったニュアンスを付加する)を付して作られており、前段で「精神の外に出る(uscir dalla mente)」と表されているものにそのまま対応する（本書には現れないが、同様に作られているdemenza（痴呆）も参照）。

「伝承（tradizione）」は、ここでは「引き渡す（consegnare）」こととおおむね同義とされている。また、後段で「裏切り（tradimento）」とあるのも同根である。

「中世のとある語彙集」とあるのは、おそらく九—十世紀の語彙集である。[19]

ヘルダーリンの引用は、直前の「句切れのイデア」同様に「オイディプス註解」からである。[20]

〈単一のもの〉のイデア

ここで言われる「〈単一のもの〉（l'Unica）」とは、具体的には単一の言語のことである。その単一性の何たるかはテクスト内で語られている。

18 以下を参照。"The Great Nijinsky Dances Again in a Swiss Insane Asylum," *Life*, Year 1939, 7, no. 1 (Chicago: Time, July 3, 1939), p. 23.

19 以下を参照。Johan Henrik Gallée, ed., *Altsaechsische Sprachdenkmaeler* (Leiden: E. J. Brill, 1894), p. 337.

20 以下を参照。Hölderlin, "Anmerkungen zum Oedipus," pp. 315–316.

パリの版元フリンカーというのはマルティン&カール・フリンカーという出版社で、パウル・ツェランとは関わりが深い（ツェランのテクストも掲載される書肆年鑑を発行している）。参照されているテクストも一九六一年の年鑑が初出である。[21]

戦争直後のツェランの発言は、当時の友人イスラエル・ハルフェンによって記録されている。[22] 母語の単一性についてのダンテの発言は、「精神において第一である、単一にして唯一のもの（uno e solo è prima ne la mente）」も「精神全体において唯一にして第一（è sola prima in tutta la mente）」も『饗宴』（1, 12, 5–7）に見あたる。次いで、その単一の母語としての「華麗なる俗語（volgare illustre）」が云々されるが、こちらは『俗語詩論』（1, 16, 4）に読める。

プロヴァンス人（トルーバドゥール）の知っていた「不和」という詩ジャンルとは「デスコルト（descort）」と呼ばれるもので、詩人の恋心の不調和を詩形の不調和（いくつもの詩形を混在させること）を通じて表す。極端な例として、詩節ごとに言語を変更しているラインバウト・デ・ヴァケイラスの詩が知られている。[23]

弱り目の詩人の自白云々というのは冒頭のツェランの回答を指す（言語の単一性を運命に結びつけている点が批判されている）。

その名のとおり言葉をもたずにいる「幼児（infante）」云々とあるのは、infanteが、ラテン語fari（話す）の現在分詞fansに否定の接頭辞in-が付されたinfans（話さぬ者）に直接由来することをふまえている。infansの状態・時期をinfantia（イタリア語でinfanzia）といい、これは通例「幼児期」「幼児性」などと訳せばよいが、アガンベンは原義に立ち返って「話さないこと」（ばあいによっては「話さないことができること」）——要するに言語運用における「非の潜勢力」（「権力のイデア」を参照）——の意味で用いているため、本書では統一的に「インファンティア」としてある（「幼児的（infantile）」とあるときにも「インファンティアにある」という含意を汲むべきばあいが多い）。

「詩人が後に述べた言葉」とあるのは、「詩はもはや自らを課さず、自らを露出させる」[24]とツェランが（フ

21 以下を参照。Paul Celan, "Antwort auf eine Umfrage der Librairie Flinker, Paris, 1961," in *Gesammelte Werke in fünf Bänden*, 3, ed. Beda Allemann *et al.* (Frankfurt am Main: Suhrkamp, 1983), p. 175.

22 以下を参照。Israel Chalfen, *Paul Celan: Eine Biographie seiner Jugend* (Frankfurt am Main: Insel, 1979), p. 148.

23 以下を参照。François Raynouard, *Choix des poésies originales des troubadours*, 2 (Paris: Firmin Didot, 1817), pp. 226–229.

24 Celan, "La poésie ne s'impose plus, elle s'expose," in *Gesammelte Werke in fünf Bänden*, 3, p. 181.

ランス語で）書いた断章を指す。なお、「自らを課す（s'imposer）」とは、必須である、幅を利かせるというほどの意味あいである（なお、これは「自らを露出させる（s'exposer）」とは接頭辞in-/ex-が対立している）。

述法のイデア

「述法」と訳したdettatoは通例、「口述（dettatura）」することを指すが、文章語では「言いかた」（文体）をも指す。これはもともとdettareの過去分詞だが、dettareは「口述する」とも、詩をはじめとする文学作品を「作る」とも訳せ、たとえばドイツ語dichten（詩作する）と語源――ラテン語dictare――を同じくしている。そこから、dettatoreといえば詩人のことである（ドイツ語Dichterに相当）。ここではそれをふまえ、dettatoは詩作上の「述法」と解されたい（本書では、「言語運用のイデア二」における「規程」を意味する用法を除き、訳語を「述法」に統一している）。

プロヴァンス人たち（トルーバドゥール）の「閉じた基礎」というのは、具体的には「閉詩（トロバール・クルス）（trobar clus）」という「閉じた」（つまり晦渋な）詩体が念頭にある。そのような難解な詩に対する添え書きに相当するのが「理（ラソ）（razo）」（文字どおり「理由、理（ことわり）」）である。なお、少し後に登場する「仮名（セニャル）

（senhal）」は、トルーバドゥールが自分の詩を宛てる相手を表す（隠す）のに用いる「美しいまなざし」「私の欲望」といった仮の名、ニックネームを指す。

ダンテの「散文に開く（aprire per prosa）」という表現は『新生』（25, 8）にある。

この論考が中心的に取りあげているのはアントニオ・デルフィーニ『バスク娘の思い出』である。この詩人へのアガンベンの言及は他にも散見されるが、おおむねこの著作をめぐるものである。

「俗謡（コプラ）（copla）」はスペイン語圏で俗謡に広く用いられている詩形で（バスク語ではcobla）、ここで言及されている詩もこの形を取っている。なお、引かれている四詩行の読みは、その後わずかに修正されている（『イタリア的カテゴリー』所収の「バスク娘の謎」を参照）。

マヌエリタ・エチェガライは、ディーノ・カンパーナ『オルフェウスの歌』の「二元論」が公開書簡として宛てられている当人である。[25] 引用も「二元論」からである。

「二言語併用（ダイグロシア）（diglossia）」は、公式言語（多くのばあい文章語）と日常語（多くのばあい口語）が

25 以下を参照。Dino Campana, "Dualismo (*Lettera aperta a Manuelita Etchegarray*)," in *Canti orfici e altre poesie*, ed. Renato Martinoni (Torino: Einaudi, 2003 [2014]), pp. 73–75.

併存する状況を指す（アラビア語の使われている地域でフスハー（文語）とアーンミーヤ（口語）が併用されているのが典型）。両者はここでは、後出する「記憶と無媒介性、文字と声、思考と現前」の前者と後者にそれぞれ対応する。

フォルケとあるのは、マルセイユのフォルケというトルーバドゥールで、実際にそのように記憶と忘却が入れ違いになる詩を書いている。[26]

「記憶の本」云々はダンテ『新生』（1, 1）の表現「私の記憶の本（libro de la mia memoria）」（『新生』を指す）を参照している。

真理のイデア

『ゾーハル』は、モーゼス・デ・レオンの手になるとされるユダヤ神秘主義の代表的著作である。引用されている文言はすべて『ゾーハル』冒頭（1, 1b–2a）に見られる（「〈何〉（Mah）」と「〈誰〉（Mi）」は実際にヘブライ語の疑問詞である）。なお、末尾の引用に登場するヤコブ云々は、「創世記」（28:12）に読める、ヤコブ（アブラハムの孫）の夢に出てきた梯子（階段）への言及である。

ゲルショム・ショーレムの発言は「カバラーに関する十の非歴史的命題」に読める。[27]

「中世哲学の何（クィド）」というのは文字どおり、疑問詞の「何（クィド）（quid）」である。「何性（quidditas）」（何であること）は中世哲学においては「本質（essentia）」と同義と見なされる。たとえばトマス・アクィナス『存在者と本質について』（1）を参照。

真理とは霊魂に固有な開かれのことだというプラトンの「定義（ホロス）（horos）」云々は、『定義集（ホロイ）』（現在ではプラトン作とはされない）に読める「記憶」の定義（414 a）を比較的自由に参照している。[28]「永遠回帰」「運命愛」は、フリードリヒ・ニーチェの著作の各所に言及が見られる。「永遠回帰」については『善悪の彼岸』（56）や『悦ばしき知識』（341）を参照。「運命愛」については『悦ばしき知識』（276）を参照。

図版は、ロデーズの精神病院に収容中のアントナン・アルトーが一九四六年に描いたデッサン『青

26 以下を参照。Raynouard, *Choix des poésies originales des troubadours*, 3 (Paris: Firmin Didot, 1818), p. 159.

27 以下を参照。Gershom Scholem, "Zehn unhistorische Sätze über Kabbala," in *Judaica*, 3 (Frankfurt am Main: Suhrkamp, 1970), p. 265.

28 原著者の教示による（以下、いくつかの不明点について原著者に照会している）。

い頭』である。[29] もともとは右余白に書き込み、右下に署名があるが、本書ではトリミングされている。

ムーサのイデア

ムーサ云々には、「召命のイデア」のところですでに示したとおりの含意がある。プラトン『イオン』（533 c–535 a）および『パイドン』（60 d–61 c）を参照。

マルティン・ハイデガーが南フランスのル・トールでおこなったセミナー（詩人ルネ・シャールの招待による）に、若い頃のアガンベンは参加している（一九六六年と六八年）。トゥーゾンはル・トールの一地区。ル・ルバンケというのは、シャールを遇していた人物（マルセル・マティウ）の家。「思想家の偉大さは」云々というのも、そのセミナーの際にアガンベンがハイデガーから直接聞いた言葉にもとづく。[30] ただし、実際にこの文言を含むテクストは不詳。

これ以降、「非隠蔽性（illatenza）」という単語が本書では折りに触れて登場するが、これもハイデガー用語の Unverborgenheit（「非秘匿性」「非覆蔵性」「隠れなさ」などとも訳される）に相当する。[31]「アメンテ」は古代エジプトの黄泉の国である。ここでは、「没するところ（occidente）」すなわち西方と同一視されている。

一段落まるまるの引用は、カール・マルクス『デモクリトスの自然哲学とエピクロスの自然哲学の差異』からである。[32] 原文中の強調は反映されていない。

愛のイデア

この論考については、とくに註記すべきことはない。

研究のイデア

初版には見られない論考である。

冒頭は古代ユダヤ史の通常の略述である。「トーラー（Torah）」（アガンベンの記すとおり、もと

29 現在はポンピドゥー・センター所蔵（AM 1994-120）。

30 原著者の教示による。

31 以下を参照。Martin Heidegger, *Sein und Zeit* (Tübingen: Max Niemeyer, 1927), pp. 219–226 (§ 44 b).

32 以下を参照。Karl Marx, *Über die Differenz zwischen der demokritischen und epikureischen Naturphilosophie*, in *Marx-Engels Gesamtausgabe* (MEGA^2), I-1 (Berlin: Dietz, 1975), p. 64.

もとは「教え」を指す）は通常は、モーセ五書（旧約聖書冒頭の五書）とも同一視される、書かれている法の全体を指すが、口伝のトーラーも存在するとされ、それが後に編纂されたものが「ミシュナ（Mishnah）」（アガンベンの記すとおり「反復」、つまりいわば「復習」）、さらにそれへの註解も含めて編纂されたものが「タルムード（Talmud）」（アガンベンの記すとおり「研究」）である。

アビ・ヴァールブルクの「良い隣人の法則」というのは、図像学（イコノロジー）の創始者ともされる彼の蔵書に関する経験則を指す。知りたいことは探している本の隣りの本に書いてあるという法則（とされるもの）である。[33]

「研究する（ストゥディアーレ）（studiare）」と「呆然とする（ストゥピーレ）（stupire）」が互いに類縁関係にあるというのは、インド－ヨーロッパ祖語まで語根を辿れば、ショックを含意する*st-ないし*sp-（とアガンベンは書いているが、[34] おそらくは*(s)tew-）にいずれも至るという意味である。「呆然とした（stupefatto）」や「呆けている（stupido）」も同様である。後出するギリシア語spoudazō（勤勉に取り組む）はもともとは「急ぐ」を意味するが、ここではおおむね「研究する」の意味で用いられている。

「ゆっくり急げ（フェスティナ・レンテ）（festina lente）」については、すでに扉絵のところで説明済みである。

アリストテレスの「潜勢力」とあるのは、「潜勢力（dynamis）／現勢力（energeia）」という周知の概念対を参照している（ラテン語ではpotentia/actus）。まとまった説明は『形而上学』第九巻に見られる（「できる」というありかたが潜勢力、実際にあるというありかたが現勢力）。その先で「受動的潜勢力《ポテンティア・パッシヴァ》（potentia passiva）」「能動的潜勢力《ポテンティア・アクティヴァ》（potentia activa）」とあるのは、『形而上学』（1046 a）での議論を承けて中世神学で用いられた用語である（たとえばトマス・アクィナス『神学大全』（1, q. 25, a. 1）を参照）。前者は「なされうるということ」、後者は「なしうるということ」と捉えればよい。

サラとハガルの逸話自体は「創世記」（16:1–16）にある。アレクサンドリアのフィロンによるサラの譬喩は「予備教育との交わり」に読める。

プラトンの火花云々は「第七書簡」（341 a–d）に読める譬喩である。論考末尾に現れる「霊魂の

33 たとえば以下を参照。Fritz Saxl, "The History of Warburg's Library (1886–1944)," in Ernst H. Gombrich, *Aby Warburg: An Intellectual Biography* (London: The Warburg Institute, 1970), p. 327.

34 おそらく以下が参照されている。Alfred Ernout & Antoine Meillet, *Dictionnaire étymologique de la langue latine* (Paris: Klincksieck, 1932), p. 948 (art. "studeō"). 同箇所ではspoudazōにも言及がある。

自己給養」も同箇所に見られる表現をふまえている。

ジョルジョ・パスクアーリがテオドール・モムゼンから借りた「文献学的メランコリー（melancholia philologica）」云々は、（この表現がそのままの形で存在するわけではないが）パスクアーリの「テオドール・モムゼンの遺言」を参照する議論と読める。[35]

トマス・アクィナスがピペルノのレギナルドゥスと交わした言葉は、「ナーポリでの聖トマスの列聖調査」という文書に残されているカープアのバルトロメウスの発言によって知られる。[36] アガンベンの引用は比較的自由である。なお、この言葉は「藁屑」発言として知られ、トマス自身も「藁屑（palea）」と言っている（とバルトロメウスは伝える）が、アガンベンは意味を取って「つまらぬもの（inezia）」としている。

フランツ・カフカやローベルト・ヴァルザーの小説に出てくるような学生とあるが、念頭にあるのはカフカについてはおそらくは『訴訟』第四章、ヴァルザーについては『ヤーコプ・フォン・グンテン』だろう。ハーマン・メルヴィルの学生は長篇詩『クラレル』冒頭に登場する。[37] バートルビーは、メルヴィルの同名の短篇小説に登場する、「しないほうがいいのですが」と言って筆写をやめてしまう筆生である（彼は「政治のイデア」にも登場する）。[38]

末尾付近の括弧内の文言は改版にあたって付加されたものである。中世以来の神学の伝統においては、洗礼を受けなかった子どもたちや異教の哲学者たちは、原罪以外の罪をもたずに死んだ者たちで、そのような者たちは辺獄と呼ばれるところにとどまり、神の認識のみが欠如した状態にとどめられるとされた（その様子はたとえばダンテ『新曲』第四歌でも描かれている。そもそも、ダンテを導くウェルギリウスも辺獄にいた）。辺獄については「政治のイデア」でも言及される。

35 以下を参照。Giorgio Pasquali, "Il testamento di Teodoro Mommsen," in *Pagine stravaganti di un filologo*, 2, ed. Carlo Ferdinando Russo (Firenze: Le Lettere, 1994), pp. 383–396.

36 以下を参照。Marie-Hyacinte Laurent, ed., *Fontes vitæ Sancti Thomæ Aquinatis*, 4 (*Processus canonizationis S. Thomæ Neapoli*) (Toulouse: Revue Thomiste, [1932–1936 ?]), p. 376 (c. 79).

37 以下を参照。Herman Melville, *Clarel*, in *The Writings of Herman Melville*, 12, ed. Harrison Hayford *et al.* (Evanston & Chicago: Northwestern University Press & The Newberry Library, 1991), p. 3.

38 以下を参照。Melville, "Bartleby the Scrivener: A Story of Wall-Street," in *The Writings of Herman Melville*, 9, ed. Hayford *et al.* (Evanston & Chicago: Northwestern University Press & The Newberry Library, 1987), pp. 13–45.

記憶の及ばぬもののイデア

「無意志的記憶」云々とある記述ではもちろんマルセル・プルースト『失われた時を求めて』のもろもろの挿話が念頭にある（「マルタンヴィルの鐘塔」の挿話が、あるいはむしろ、より典型的には「ユディメニルの三本の樹」の挿話が文脈に合致する）。[39]「何も思い出させぬ思い出が最も強い思い出である」はカンパーナが作家シビッラ・アレラーモ宛の手紙（一九一七年一月四日付）で用いている表現をふまえている。[40] また、思い出させぬ思い出に関してはカプローニの詩「回帰」も念頭にある可能性がある。[41]

権力のイデア

「潜勢力／現勢力」というアリストテレスの概念対については「研究のイデア」でもすでに触れられているが、ここで参照されているのは『形而上学』ではなく、『ニコマコス倫理学』（1174 a）である（この本を「息子ニコマコスに捧げた論考」としているのは誤解）。

「権力（potere）」は「できる」という従属動詞（法動詞（モーダル））としても用いられる単語である。「できる」もの（潜勢力にあるもの）は現勢力へと移行することもしないこともできる。この「しないことができる」という権能のほうが「非の潜勢力（impotenza）」と呼ばれる（ただし、impotenteの登場する本書のこの他の数ヶ所にはとくにこの含意がないため「無力」としている）。この論考では、その「できる」ものが現勢力への移行を封じられ、結局は「することができない」のと変わりがなくなってしまう（それと同時に、現勢力へと否応なく移行させられるもののほうには非の潜勢力が認められなくなってしまう）ときに働くものが「権力」と呼ばれている。

図版は、セギュール伯爵夫人の児童書『なんて可愛い子ども！』にエミール・バイヤールが付した版画挿絵の一枚である。[42] 父親のもってきてくれた花を三歳の女の子イザベルが独り占めにしているの

39 以下を参照。Marcel Proust, *À la recherche du temps perdu*, 1, ed. Jean-Yves Tadié (Paris: Gallimard [Pléiade], 1987), pp. 177–180 ; Proust, *À la recherche du temps perdu*, 2, ed. Tadié (Paris: Gallimard [Pléiade], 1988), pp. 76–79.

40 以下を参照。Sibilla Aleramo & Campana, *Un viaggio chiamato amore: Lettere 1916–1918* (Milano: Feltrinelli, 2000), p. 99.

41 以下を参照。Caproni, "Ritorno," in *Tutte le poesie*, p. 392.

42 以下を参照。Comtesse de Ségur, *Quel amour d'enfant !*, illust. Émile Bayard (Paris: Hachette, 1889), p. 9.

を兄ジョルジュが咎めている（背後にいるのは女中）。下にある「欲しいんだってば（J'en veux, je te dis）」というのはイザベルの言葉である。なお、元の挿絵に彩色はないが、原書では口唇と頬と花に赤が加えられている。

共産主義のイデア

ゼウスとエウロペ、ゼウスとレダの交わりについては、たとえばアポロドーロス『ギリシア神話』（3, 1, 1 ; 3, 10, 7）に記述がある。

夢を本当に所有するためにはその意識を所有するだけでよい云々という引用は、マルクスのアルノルト・ルーゲ宛ての手紙（一八四三年九月）からなされている。[43]

翻訳家・批評家ロベルト（ボビ）・バズレンの夢に関する言葉は、一九四四年五月のメモに読める。[44]

政治のイデア

初版には見られない論考である。後に、『到来する共同体』の「辺獄から」に部分的に転用されている。

オリゲネスからの引用は『「出エジプト記」講話』（8, 5）からなされている。

ジョルジュ・ベルナノスの文言（フランス語のまま「non pas absous ni condamné, notez bien: perdu」と写されているが、日本語のみ示している）は、小説『ウィーヌ氏』から引かれている。[45]「原罪のみをともなって死ぬ童子たちに対する刑罰は軽微きわまりない」という文言（これも、ラテン語のまま「Mitissima est pœna puerorum, qui cum solo originali decedunt」と写されているが、日本語のみ示している）は、アウグスティヌス『エンキリディオン』（93）から引かれている。

メルヴィルのバートルビーについては「研究のイデア」ですでに触れた。

43 以下を参照。Marx, "M. an R., Kreuznach, im September 1843," in *Marx-Engels Gesamtausgabe* (MEGA²), 1-2 (Berlin: Dietz, 1982), p. 488.

44 以下を参照。Roberto Bazlen, "Appunti per una lettera (maggio 1944)," in *Scritti*, ed. Roberto Calasso (Milano: Adelphi, 1984 [2019]), p. 201.

45 以下を参照。Georges Bernanos, *Monsieur Ouine*, in *Œuvres romanesques complètes*, 2, ed. Jacques Chabot *et al.* (Paris: Gallimard [Pléiade], 2015), p. 756.

正義のイデア

この論考が捧げられているカルロ・ベトッキはイタリアの詩人である。本書初版刊行の前年（一九八四年）に、アガンベンは最晩年のベトッキに面会している。この論考は、その出会いの記念として書かれたものとおぼしい。

「ロゴス（Logos）」と「ディケー（Dikē）」はギリシア語で、前者はおおむね言語・言説・論理を、後者は正義を指す（ディケーは神格化もされている）。

平和のイデア

冒頭に言及のある典礼改革とは、第二ヴァティカン公会議でなされた改革を指す（それ以前は、信徒たちは「平和のしるし」――日本語では通例「平和のあいさつ」と呼ばれる――を交わすよう司祭に促されることはなかった）[46]。

「平和（pace）」と協定・協約の語源的類縁性云々とあるのは、対応するラテン語paxがもともとは平和よりもむしろ平和協定を指すということをふまえている（pactioないしpactumを、また英語のpactを参照）。

otium——通常は「無為」と訳されるが、ここではとくに、pax の結果として生ずるもの（要するに平和状態）を指す——の周辺の辞項談義は、原書にはわずかに表記の誤りが含まれていたため修正してある。[47]

フランチェスコの譬喩とあるのは「覚醒のイデア」第二節に引かれている一節を指す。図版は、二つの都市（ベルリンとナーポリ）の地図を切り貼りしてアガンベン自身が作ったものとおぼしい。

恥のイデア

二節からなる論考である。第一節は神と恥に関する議論に割かれている。「身の程知らず（hybris）」は神格化もされている。思い上がり、わきまえのなさを指す

46 以下を参照。*Institutio Generalis Missalis Romani* (1969), 56 b.

47 おそらく以下が参照されている。Ernout & Meillet, *Dictionnaire étymologique de la langue latine*, p. 683 (art. "ōtium").

（「節制（sōphrosynē）」と対をなす）。これには神罰が下る定めとなっている。

ギリシアの喜劇作家メナンドロスの引用は、断片（707 KA）からである。

スタヴローギンの信を麻痺させる恥云々についてはフョードル・ドストイェフスキイ『悪霊』のいわゆる「スタヴローギンの手記」の序盤を参照。カフカに関しては『訴訟』と『城』が大まかに参照されている。

アウゲイアスの小屋を掃除するというのは、ヘラクレスの十二の功業と呼ばれるものの一つで（河の流れを変えて、家畜小屋の積年の汚れを一気に洗い流した）、たとえばアポロドーロス『ギリシア神話』（2, 5, 5）に記述がある。

ソクラテスと「エレアの哲学者」パルメニデスのやりとりはプラトン『パルメニデス』（130 c–e）に読める。

「羞恥（aidōs）」は神格化もされている。敬意や仁義に類する語義で、そこから憐憫や同情、羞恥や慎ましさへと拡がる意味をもつ。

『国家』云々とあるのはプラトン『国家』（617 e）の参照である。「責めなき神（theos anaitios）」という表現は、処女神ラケシス（運命の女神モイラの一人）について、人生の籤を引く者たちに神官が伝える言葉に現れる。

この箇所が言わんとするのは、惨めなものが存在することの責めを古代の神々は負わないということである。それに対して、とくに近代以降のキリスト教神学においては、惨めなもの（より典型的には悪）の存在によって弁神論（神義論とも訳される）――つまり神を弁護すること――が要請される。つまり、「善の極みであるはずの神が、なぜそのようなものを創造したのか？」という問いに対する回答が求められる。なお、ここに現れる「悪の陳腐さ」という表現は、言うまでもなくハナ・アーレント『イェルサレムのアイヒマン』の副題に由来する。また、この一節はハンス・ヨーナス「アウシュヴィッツ以後の神概念」を暗黙裡に参照している。[48]

第二節ではカフカにおける恥が論じられている。クラム長官とヴェストヴェスト伯爵は『城』に、判事、書記官、番人は（そして廊下や、天井の低い部屋も）『訴訟』に登場する。後出するヨーゼフ・Ｋももちろん『訴訟』の主人公であり、引用は小説を締めくくる一文に相当する。

48 以下を参照。Hans Jonas, "Der Gottesbegriff nach Auschwitz: Eine jüdische Stimme," in Gedanken über Gott (Frankfurt am Main: Suhrkamp, 1994), pp. 29–49.

ヘクトールはトロイア最後の王プリアモスの息子で、トロイア戦争でアキレウスと戦う勇将である。母ヘカベーは、無謀なしかたで息子が敵を迎え撃つのをやめさせようと胸を露出し、おまえを養った乳房を敬え、母を憐れめ云々と訴える。ホメロス『イリアス』(22, 79–89)を参照。

時代のイデア

「ポストモダン」はジャン－フランソワ・リオタール『ポストモダンの条件』を参照している。「新ルネサンス」は当時のイタリアで取り沙汰されていた。[49]「超形而上学的人間性」はジャンニ・ヴァッティモの「弁証法、差異、弱い思考」末尾に現れる表現である。[50]

音楽のイデア

「音楽のイデア」とあるが、論じられているのは「気分(シュティムング)(Stimmung)」の喪失である。ドイツ語で「気分」ないし「雰囲気」を指すStimmungはもともと、「声(Stimme)づける」こと、「調律する(stimmen)」ことを指す(つまり、これこれの気分だということはその気分といういわば声のトーンに調律されているということである)。気分の喪失が調律の喪失とされているのはそのためである。

また、「気分（Stimmung）」がないことが「召命」がないことと同義とされているが、これも、「声（voce）づけること」として「召命（vocazione）」が読まれていることによる（つまり、気分と召命は同義と見なしてよい）。

ジャン＝ポール・サルトルの吐き気とあるのは『吐き気』を、アルベール・カミュの作中人物の無分別云々は『異邦人』を参照している。これらは、直前に言及のある「フランス実存主義」の典型例として挙げられている。「五〇年代末のヨーロッパ映画」はヌーヴェル・ヴァーグとおぼしい。

ロートの小説とは、『果てしなき逃走』その他のヨーゼフ・ロートの長篇を指す。

ベンヤミンの「ドイツのインフレをめぐる旅」は、『一方通行路』に収められている「皇帝パノラマ館」の副題である。[51]

49 原著者の教示による。

50 以下を参照。Gianni Vattimo, "Dialettica, differenza, pensiero debole," in Vattimo *et al.*, ed., *Il pensiero debole* (Milano: Feltrinelli, 1983), p. 28.

51 以下を参照。Benjamin, "Kaiserpanorama: Reise durch die deutsche Inflation," in *Einbahnstraße*, in *Gesammelte Schriften*, 4-1, ed. Tillman Rexroth (Frankfurt am Main: Suhrkamp, 1972), pp. 94–101.

プルースト『失われた時を求めて』をめぐって言われている「ヒッポクラテス顔貌」とは愛の現象学の「死相」、つまり断末魔の無表情のことである。

カフカ云々は「恥のイデア」第二節を参照。

シュルレアリスムに関して言われる「ランボー的ながらくた」は、具体的にはアルチュール・ランボーが「言葉の錬金術」で列挙している通俗的な文物が念頭にある。そこから感覚の壊乱を通じて詩を作るという方法論をシュルレアリストたちが継承しているとされる。「ちぐはぐな連想」のほうは、精神分析よろしくおこなわれる自由連想にもとづく自動記述を指す（『磁場』と『可溶性の魚』が代表的）。

ベンヤミンのパサージュ云々はもちろん『パサージュ論』を参照している。

「傷つけるもの（トローサス）が癒す（イアセタイ）（trōsas iasetai）」は、アキレウスから受けた腿の傷についてミュシアの王テーレポスがアポローンから得た神託。アポロドーロス『ギリシア神話』（E, 3, 17–20）に経緯が読める。

図版は、原著者がドイツの古書店で購入した子どものノートにあったイースター・エッグの図案。[52]

幸福のイデア

この論考が捧げられているのはイタリアの編集者、翻訳家、文筆家のジネーヴラ・ボンピアーニである。父ヴァレンティーノの設立した出版社ボンピアーニで、一九六〇年代後半を中心にアガンベンと協力して叢書「ペーザネルヴィ」を運営したことがある。また、今世紀に入ってからはロベルタ・エイナウディと出版社ノッテテンポを設立し、アガンベンの著書（小冊子を含む）を多く出版している。

インファンティアのイデア

アホロートルは、日本では主に流通名「ウーパールーパー」で知られる両棲類である。アホロートルに典型的に見られる幼形成熟をホモ・サピエンスの進化にも見て取るというのは解剖学者ルイ・ボルクによる仮説である。[53] スティーヴン・ジェイ・グールド『個体発生と系統発生』を通じて人口に膾炙した。

「インファンティア（infanzia）」「幼児（infante）」などについては「〈単一のもの〉のイデア」で触れたとおりである。

52　原著者の教示による（原著者私蔵）。
53　以下を参照。Louis Bolk, *Das Problem der Menschwerdung* (Jena: Fischer, 1926).

「体（soma）／生殖質（germen）」という概念対は進化論者アウグスト・ヴァイスマンの生殖質論に由来するもの（英語ではsoma/germ-plasm）。生殖質は、生殖細胞に含まれ、次世代への遺伝に関わる要素を指す。それに対して体は、それ以外の（遺伝には関わらない、一代限りの）体細胞に関わるものである。[54]

隠蔽性と非隠蔽性、忘却、伝承に関しては「ムーサのイデア」ですでに議論が展開されている。幼児が世界へと投げ出され、存在を聞き取っているとあるのも、被投性や情態性に関するハイデガーの議論をふまえている。[55]

なお、ここではベンヤミン「言語一般および人間の言語について」も暗黙裡に参照されている。[56]「肉の復活」とは、最後の審判における死者の救済を指す（「使徒信条」に「私は［……］肉の復活を［……］信ずる」とある）。そこで救済されるのは生殖質ではなく体だというのがここでの含意である。また、「ロゴス」とあるのは直接的には言語運用を指すが、ここではもちろん救済者キリストが名指されてもいる。なお、現象の救済については「見かけのイデア」で詳述される。

童子の遊び云々は、「アイオーンは駒を動かして遊んでいる童子だ」云々というヘラクレイトスの断片（DK 52）を参照している。「アイオーン」はギリシア語で時間、時代、永遠を指す（神格化されてもいる）。アイオーンの遊びが「私たちに時間を与える」（つまり、歴史的時間となる）と解されている。

最後の審判のイデア

この論考が捧げられているエルサ・モランテはイタリアの小説家である。若い頃のアガンベンは彼女と密に交流した。

定型表現「最後の審判（giudizio universale）」を除き、本書ではgiudizioを「判定」と訳してい

54 以下を参照。August Weismann, *The Germ-Plasm: A Theory of Heredity*, trans. W. Newton Parker *et al.* (New York: Charles Scribner's Sons, 1893)；Weismann, "Über die Umwandlung des mexicanischen Axolotl in ein Amblystoma," *Zeitschrift für wissenschaftliche Zoologie*, 25, suppl. 3 (Leipzig: Wilhelm Engelmann, 1875), pp. 297–334.

55 以下を参照。Heidegger, *Sein und Zeit*, p. 135 (§ 29).

56 以下を参照。Benjamin, "Über Sprache überhaupt und über die Sprache des Menschen," in *Gesammelte Schriften*, 2-1, ed. Tiedemann *et al.* (Frankfurt am Main: Suhrkamp, 1977), pp. 145–146.

る（これが論理的「判断」の意味にも、司法における「判決」の意味にもなる――たとえば英語のjudgementと同様である――ということは「言語運用のイデア　二」で説明されている）。「七羽の小鳩（Li siette palommielle）」は、ジャンバッティスタ・バジーレ『ペンタメローネ』に収められている民話（4, 8）。それをもとにした児童書（およびそれを彩る挿絵）のほうは特定できなかったが、実際にそのような挿絵があるという。[57]

思考のイデア

この論考が捧げられているジャック・デリダはアルジェリア出身の哲学者である（説明は不要だろう）。二節に分かれているが、第二節は短い断章である。

「引用する（citare）」には召喚するという意味もある。この多義性をふまえた記述がそこかしこにある。ベンヤミン「歴史概念について」第三テーゼも参照。

引用符に入れられた辞項が「宙吊りのままに保たれ、計られて」おり、したがって「少なくとも萌芽的には考えられている」とあることについては「句切れのイデア」を参照。

セビーリャのイシドルスによるコンマの説明は『語源』（1, 20, 3）に読める。

この論考には、初版ではソール・スタインバーグの手になる一コマ漫画が添えられていた。巨大な「DON'T」のNとTのあいだが深淵になっており、Nからアポストロフィ（ちょうど深淵の真上）に跳躍しようとしている男が描かれているものだが、[58] この図版は抹消された。

名のイデア

この論考で展開されている議論の前半は、エミール・バンヴェニストによるセミオティック／セマンティックの区別をそれと名指さずに参照している。[59]「名（onoma）」の平面を「言説（logos）」の平面から区別するというアンティステネスの議論は、プラトン『テアイテトス』（201 e–202 c）に（アンティステネスの名を挙げずに）紹介されている他、

57 原著者の教示による。

58 一九六八年に描かれた無題作品。なお、以下に見られる同趣旨の作品が知られている。Saul Steinberg, "A Portfolio," *New Yorker*, 45, no. 38 (New York: New Yorker Magazine, November 8, 1969), p. 56.

59 たとえば以下を参照。Émile Benveniste, "Sémiologie de la langue," in *Problèmes de linguistique générale*, 2 (Paris: Gallimard, 1974), pp. 63–66.

アリストテレス『形而上学』(1043b)にも読める。

最終段落に「正義を返す(rendere giustizia)」とあるのは、権利を認める、償う、というほどの意味をもつ定型表現である。

ユダヤの伝承にあるゴーレムは下僕として働く粘土人形で、額に「真理(emeth)」と記すことで命を与えられる。巨大化して手に負えなくなったら、「e」を抹消し「死んだ(meth)」とすると元の粘土に戻るとされる。

図版はベンヤミンの草稿。[60] 貧者を描く文学の系譜をディケンズ、ユゴー、セリーヌ、ジョイスなどと辿って所感を記している。

謎のイデア

「謎(enigma)」は、謎々、謎掛けと解したほうが文脈によってはわかりやすい(「判じもの(indovinello)」と言い換えられている箇所もある)。

五節からなる。第一節は初版には存在しない。その後、冒頭に一節が追加されたことによって、それ以降の節番号が一つずつずれている。

謎が解けなくて死ぬ「詩聖や智者」とあるが、ホメロスが典型である。漁師に謎を掛けられて解けずに死んだという伝承が偽プルタルコス『ホメロスについて』(1, 4)に読める。

ルートヴィヒ・ヴィトゲンシュタインの謎云々は『論理哲学論考』(6.5)を参照している。

第三節で紹介されている伝承――プラトンが講義を一度だけおこない、それが失敗に終わったというもの――は、アリストテレスからじかに聞いたものとしてアリストクセノス『ハルモニア原論』(2, 30–31)に読める。

第四節に挙げられている二人の哲学者は実在しないが、第一の哲学者の言葉として引用されているのは、ベルトルト・ブレヒトがベンヤミンに対して表明したとされる見解を参照している。[61]

死に行くソクラテスが寓話形式を軽蔑しなかったとあるのは、プラトン『ソクラテスの弁明』(30 e–31 a)で、ソクラテスがアテナイを鈍重な軍馬に譬え、それに針を刺して目を醒まさせる虫に

60 原著者の教示による(原著者私蔵)。

61 原著者の教示による。以下を参照。Benjamin, "Notizen Svendborg Sommer 1934," in *Gesammelte Schriften*, 6, ed. Tiedemann *et al.* (Frankfurt am Main: Suhrkamp, 1985), p. 525.

自分を譬えていることが念頭にあるとおぼしい。

スフィンクスがムーサだというのは通説ではない。この怪物はムーサから教わった謎を掛けてテーバイの民を苦しめていたが、オイディプスに謎を解かれ、身を投げた。アポロドーロス『ギリシア神話』（3,5,8）を参照。

第五節の「きみ」の発言はヴィトゲンシュタイン『論理哲学論考』（6.52）をふまえている。

沈黙のイデア

「古代末期」の説話集とあるが、「中世」の間違いである。十三世紀の説教師チェリトンのオドによる『寓話集』に同じ説話が見あたる。[62]

図版は、エルネスト・カンデーズの科学読み物『コオロギの冒険』にC・ルナールが付した版画挿絵の一枚。[63]

言語運用のイデア　一

続く「言語運用のイデア　二」は初版には見られないため、初版ではこちらは「言語運用のイデア」

と題されている。二節からなる。

本書で（これ以前にも頻出している）「言語運用」はlinguaggioの訳語である（「言語活動」と訳す慣例があるが、本書では統一的に「言語運用」としている）。「言語が用いられるということ」自体を指す。なお、**lingua**は「言語」、**parola**は「言葉」（文脈によっては「単語」）としている。

第一節の顔に関しては、すでに「幸福のイデア」で語られている他、「栄光のイデア」でも論じられている。名指されていないが、エマニュエル・レヴィナス『全体性と無限』における顔をめぐる議論が念頭にあるとおぼしい。[64]

62 以下を参照。"Odonis de Ceritona Fabulæ," in Léopold Hervieux, ed., *Les fabulistes latins*, 4 ("Eudes de Cheriton et ses dérivés") (Paris: Firmin Didot, 1896), p. 242 [70 a]. なお、細部の異なる類似の説話（黙って叩かれるのではなく、黙って罵られる）がボエティウス『哲学の慰め』(2, P7) に読める。

63 Ernest Candèze, *Les aventures d'un grillon*, illust. C. Renard (Paris: Bibliothèque d'éducation et de récréation, 1877), p. 75.

64 とくに以下を参照。Emmanuel Levinas, *Totalité et Infini* (Paris: Librairie Générale Française [Livre de Poche], 1990), pp. 215–220.

「わが家にある(a casa)」はおおむね「くつろいでいる、居心地がよい」を指す(英語のat homeを参照)。[65]

第二節の薔薇の例は、マラルメ「詩の危機」における「「花が一輪!」と私が言う」[66]云々を暗示していると読める。

言語運用のイデア　二

先述のとおり、初版には見られない論考である。

この論考が捧げられているインゲボルク・バッハマンはオーストリア出身の詩人、小説家である(一九七三年に没している)。アガンベンは彼女と交友関係をもっていた。なお、第一段落にある「現代小説」からの引用も彼女の『マーリナ』からなされている。[67]バッハマンの原文では「言語運用(Sprache)」と「刑罰(Strafe)」が語呂合わせになっている(Spracheは「言語」としてもよいところだが、アガンベンがlinguaggioと訳しているため「言語運用」としている)。

この論考は実質的に全体がカフカ「流刑地にて」の読解となっており、第二段落以降の引用はすべてこの短篇からなされている。

「判定（giudizio）」は論理については「判断」、司法については「判決」を指す。次いで、これが「判決文（sentenza）」——英語のsentenceに相当——と言い換えられているが、これは論理においては文を、司法においては判決・宣告を指す。

「正義がなされた（giustizia è stata fatta）」は、文字どおりの意味とともに、（正当な）判決が出された、（正当な）報いがなされたというほどの意味をあわせもつ定型表現である。

光のイデア

この短い論考では「啓示（rivelazione）」の何たるかが光の譬喩で語られている。アリストテレス『霊魂論』（418 a–419 a）が暗黙裡に参照されている。

65 以下を参照。Heidegger, *Sein und Zeit*, pp. 188–189 (§ 40).

66 Mallarmé, "Crise de vers," in *Œuvres complètes*, 2, ed. Marchal (Paris: Gallimard [Pléiade], 2003), p. 213.

67 以下を参照。Ingeborg Bachmann, *Malina*, in *Werke*, 3, ed. Christine Koschel *et al.* (München & Zürich: R. Piper & Co., 1978), p. 97.

末尾付近に「非仮説的（non ipotetico）」という表現が出てくるが、「仮説（ipotesi）」に関しては次の「見かけのイデア」で議論が展開される（そこには「非仮説的に（anipoteticamente）」という表現も現れる）。なお、「仮説（ipotesi）」と「仮定（supposizione）」はほぼ同義と捉えてよい（いずれも「下に置くこと」が原義で、「基体（soggetto）」——この意味での soggetto の用例は「覚醒のイデア」にある——を措定することを指す）。

見かけのイデア

「見かけ（apparenza）」は、「現象（phainomena, fenomeno）」とほぼ同義と捉えてよい。「現象を救済する（ta phainomena sōzein）」の sōzein はもちろん「救済する（salvare）」だが、後段で「保存する（conservare）」「貯めこむ（tesorizzare）」「節約する（risparmiare）」とも言い換えられている（英語の save を参照）。

キリキアのシンプリキオスはアカデメイア最後の教授の一人である（本書冒頭の「境界」にも登場している。「アテナイの学校」とあるのは当然アカデメイアを指す）。シンプリキオスの引用は『アリストテレス『天体論』註解』（2, 12）からである。

ポントスのヘラクレイデスは、アガンベンの記しているとおり、アカデメイア（初代学頭はもちろんプラトン）の第二代学頭スペウシッポスの後継争いに敗れた人物である。ここで紹介されている逸話はすべてディオゲネス・ラエルティオス『ギリシア哲学者列伝』（5, 6, 89–93）に読める。

エウドクソスの同心球というのは、天動説に立ちながら惑星の順行・留・逆行を説明できるモデルで、周転円モデルの原型と言ってよい。エウドクソスはプラトンにも師事している天文学者で、彼の宇宙論はアリストテレスに引き継がれた。アリストテレス『形而上学』（1073b）を参照。

プロクロスの引用は『天文仮説提要』（7, 58）からである。

アイザック・ニュートンの「私は仮説を立てない（Hypotheses non fingo）」は『自然哲学の数学的諸原理（プリンキピア）』第二版末尾付近（「一般的註釈」）に見られる。[68]

イデア云々は、ギリシア語ideaがもともと、文字どおり（「見る（idein）」から作られ）「見え」――いわば心に映る本当の姿――を意味するということをふまえている。アガンベンの言わんとする

68 以下を参照。Isaac Newton, *Philosophiæ naturalis principia mathematica (editio secunda)* (Cantabrigiæ: [Cornelius Crownfield,] 1713), p. 484.

のは、仮説こそが非仮説的な「見え」を「救済・保存」するということだが、そこで「救済」される当のものは末尾で「もの自体」とも言い換えられる。これもプラトン「第七書簡」(341c)から引かれている表現である(なお、「ムーサのイデア」に現れる「思考の当のもの」もこれと同じものを指す)。

栄光のイデア

イタリア語pareは動詞parereの現在形(三人称単数)。意味は本文で説明されているとおりである(parereは英語で言えばseemとappearをともに意味する)。ラテン語videturは動詞videre(見る)の受動態にあたり、文字どおりには「見られる」を意味するが、ここでは英語のit seemsに相当するニュアンスが参照されている。ラテン語lucetのほうは動詞lucereの現在形(三人称単数)で、意味は「輝く」。なお、「見かけのイデア」で扱われている「見かけ(apparenza)」にも同様の両義性がある(ドイツ語Scheinや、後出するギリシア語doxaも参照)。

アガンベンの説明によれば、ダンテ『新生』(3, 3)からの引用では、「部屋に火色の雲を見たように私には見えた。そのなかに、見る者に怖ろしく映る高貴な人の姿を私は見分けた(*me parea* vedere ne la mia camera una nebula di colore di fuoco, dentro a la quale io discernea una figura d'uno segnore di pauroso aspetto a chi la guardasse)」（強調高桑、以下同様）のほうが前者の意味、「その人は、非常な歓喜をもって私に見え（e *pareami* con tanta letizia, quanto a sé)」のほうが後者の意味にあたる（つまり、前者は「そう思えた」、後者は「現れた」ということだが、故意に揃えて訳している。日本語「見える」にも「出現する」の尊敬語としての用法がある）。

グイード・グイニツェッリのソネット「私は詩で私の女性を讃えたい……」の第三行に読める「彼女はディアーナの星よりも輝いて見え（più che stella dïana *splende e pare*)」も、「輝いて現れ」とも「輝いてそのように見え」とも取れる、ということである。

誰かの目のなかを見ると自分が小さく映って見えるというのが瞳という名の由来だとあるのは、イタリア語（およびラテン語）で pupilla（瞳）の原義は「女の子」であることを指す。ギリシア語 korē、英語 pupil なども同様（日本語の「ひとみ」も「人」が「見」えるからという説がある）。まなざしを「人間の残滓」としているのはベンヤミンである（『一方通行路』の「眼鏡店」に読める）。[69]

69 以下を参照。Benjamin, "Optiker," in *Einbahnstraße*, p. 125.

ゴート語wulþusは、アガンベンの書いているとおり、doxa（栄光）の訳語としてウルフィラによるゴート語訳聖書の各所に現れている（たとえば「ルカによる福音書」2:9 ; 2:14）。

マルクス・トゥッリウス・キケロの引用は『法律について』（1, 27）からである。そこで言われている「顔」は当然vultusである。

旧約聖書における「栄光」（ヘブライ語Kabodが七十人訳聖書でdoxaと訳される）の典型的用例は「出エジプト記」（24:16–17）に見られる。「神の本質的諸属性の一つ」という説明では、これがカバラーにおける神の属性（セフィロート）の一つであるシェキナーと同一視されている。

「ヨハネによる福音書」に、キリストを信ずる者はしるし——「奇蹟（セーメイア）（sēmeia）」——を必要としない云々という直接的な文言はない。そもそも、同書では七つの「しるし」が開陳されている（たとえば、第一の「しるし」でイエスは「自らの栄光を表明し、弟子たちは彼を信じた」（2:11）とある）。だが、信ずるのにしるしを必要とする（しるしを見ないと信じない）ことへの警戒は見られる（4:48）。

神秘思想家たちは暗闇に神が住まうと言っているとあるが、たとえばファン・デ・ラ・クルス『カルメル山登攀』（2, 8, 6）が典型である。

図版はランドルフィ『不幸な王子』（「材のイデア」でも挿絵を使われている）から取られている（階

段を下りる王の夢)。[70]

死のイデア

死の天使サマエルとモーセについてはミドラシュ・ハガダー『申命記ラッバー』(11)を参照。死を学ぶことへの言及はモンテーニュ『エセー』(1, 20)が念頭にあるとおぼしい。

覚醒のイデア

この論考が捧げられているイタロ・カルヴィーノはイタリアの小説家である(説明は不要だろう)。アガンベンは、とくに一九七〇年代なかばにカルヴィーノと密に交流している。

二節に分かれている。第一節は、『中論』を書いたナーガールジュナ(龍樹)に関する歴史小説ふうの叙述である。引用の形になっている文言は『中論』とは一致しないが、類似の内容は見られる(と

70　以下を参照。Landolfi, *Il principe infelice*, p. 93.

くに、「大聖説空法為離諸見故」（漢訳）云々とある一節（13, 8）を参照）。商品の譬喩も、チャンドラキールティ（月称）――文中では直弟子と読めるが後代の註釈者――による註解『プラサンナパダー』の対応箇所に見られる。[71]

第二節は、歓喜とは何かを説明するアッシジのフランチェスコ「真の完璧な歓喜」（8–15）からの引用（原文では「Redeo de Perusio et de nocte profunda venio hunc...」とすべてラテン語のまま引用されているが、日本語のみ示している）と、それに付された短い註釈とからなる。

図版はアルプス・マーモットの足跡（左が通常の歩行、右が跳ねて走るとき）。野生動物の痕跡についての本から取られている。[72]

境界　解釈者たちから弁護されるカフカ

この論考は、カフカの短篇「プロメテウス」を暗示しつつカフカ読解一般を（さらには読解一般を）云々していると読める。「父祖」（ないし「家長」）、「〈神殿〉のいまの番人」などとあるのは、特定の解釈者が念頭に置かれたものではない。[73]

図版は、友人の子ども時代の写真。[74]

★

最後に少しだけ書き添えることをお許しいただきたい。

本書を仕上げるために、少なからぬ友人の皆さんのお智恵と学識に頼った。お名前を挙げることはかえってご迷惑になるかもしれないため控えますが、本当にありがとうございました。

また、東京大学教養学部で担当していたイタリア語文献講読の授業で、本書を教材として用いたことがある（二〇一四年度、二〇一六年度、二〇一九年度）。受講者の皆さんから教わることも少なくなかった。本の形になる日が来るとは、そのときは考えもしなかった。難解きわまりない判じものに全員で頭を悩ませながら過ごした、濃密にして平穏な時間を思い出しつつ、記して感謝します。

71 以下を参照。Louis de la Vallée Poussin, *Mūlamadhyamakakārikās (Mādhyamikasūtras) de Nāgārjuna avec la Prasannapadā commentaire de Candrakīrti* (Sankt-Peterburg: Bibliotheca Buddhica, 1913), pp. 247–248.

72 原著者の教示による。以下を参照。R. W. Brown *et al.*, *Animals of Britain and Europe: Their Tracks, Trails and Signs* (Feltham: Country Life Books, 1984), p. 75.

73 原著者の教示による。

74 原著者の教示による（原著者私蔵）。

著訳者略歴

ジョルジョ・アガンベン

（Giorgio Agamben）

1942年生まれ。イタリアの哲学者。代表的著作の日本語訳は以下の通り。『スタンツェ』（岡田温司訳、ありな書房、1998年；ちくま学芸文庫、2008年）、『幼児期と歴史』（上村忠男訳、岩波書店、2007年；オンデマンド版、2017年）、『言葉と死』（上村訳、筑摩書房、2009年）、『到来する共同体』（上村訳、月曜社、2012年；新装版、2015年）、『ホモ・サケル』（高桑和巳訳、以文社、2003年）、『アウシュヴィッツの残りのもの』（上村ほか訳、月曜社、2001年）、『残りの時』（上村訳、岩波書店、2005年；オンデマンド版、2016年）、『例外状態』（上村ほか訳、未來社、2007年）、『思考の潜勢力』（高桑訳、月曜社、2009年）、『王国と栄光』（高桑訳、青土社、2010年）、『身体の使用』（上村訳、みすず書房、2016年）、『書斎の自画像』（岡田訳、月曜社、2019年）。

高桑和巳

（たかくわ・かずみ）

1972年生まれ。慶應義塾大学理工学部教授。専門はイタリア・フランス現代思想。著書に『フーコーの後で』（共編著、慶應義塾大学出版会、2007年）、『アガンベンの名を借りて』（青弓社、2016年）、『デリダと死刑を考える』（編著、白水社、2018年）、『哲学で抵抗する』（集英社新書、2022年）がある。翻訳にアガンベンの著作多数のほか、ミシェル・フーコー『安全・領土・人口』（筑摩書房、2007年）、イヴ-アラン・ボワ＆ロザリンド・E・クラウス『アンフォルム』（共訳、月曜社、2011年）、アレックス・マリー『ジョルジョ・アガンベン』（青土社、2014年）、ジャック・デリダ『死刑 I』（白水社、2017年）などがある。

散文のイデア

著　者
ジョルジョ・アガンベン

訳　者
高桑和巳

2022年2月22日初版第1刷発行

発行者
小林浩

発行所
有限会社月曜社
〒182-0006 東京都調布市西つつじヶ丘4-47-3
電話 03-3935-0515　FAX 042-481-2561
http://getsuyosha.jp/

印刷・製本
株式会社シナノパブリッシングプレス

造本設計
松岡里美（gocoro）

ISBN978-4-86503-132-4

Printed in Japan

叢書・エクリチュールの冒険　第19回配本